Nem bűnös Nürnbergben

A németek védelmében

Carlos Whitlock Porter

NEM BŰNÖS NÜRNBERGBEN:
A németek védelmében
Carlos Whitlock Porter

NOT GUILTY AT NUREMBERG:
The German Defense Case
(in Hungarian)

Köszönetünk a fordítónak.

(c) 2013 by Carlos Whitlock Porter. All rights reserved.

http://www.cwporter.com

Tartalomjegyzék

Bevezető 5
„Bűnös szervezetek" 6
Dokumentumok 9
Martin Bormann 12
Karl Dönitz 13
Hans Frank 15
Wilhelm Frick 16
Hans Fritzsche 17
Walter Funk 18
Kurt Gerstein 19
G.M. Gilbert 20
Hermann Göring 21
Rudolf Hess 24
Rudolf Höss 25
Japán háborús bűnös perek 31
Alfred Jodl 34
Ernst Kaltenbrunner 36
Wilhelm Keitel 38
Konstantin von Neurath 40
Franz von Papen 41
Erich Raeder 43
Joachim von Ribbentrop 43
Alfred Rosenberg és Ernst Sauckel 47
Hjalmar Schacht 49
Baldur von Schirach 50
Arthur Seyss-Inquart 52
Albert Speer 53
Julius Streicher 54

Rab megfigyelés, Nürnberg, 1946.

Bevezető

A történelem átírása olyan idős, mint maga a történelem. Tacitus leírásai például (xv 38) azt hogy Néró gyújtotta föl Rómát, rémhírnek nevezi. Ezt a rémhírt későbbi római történészek tényként emlegetik. (Suetonius, Nero, 38; Dio Cassius, Epistulae, lxii 16; Pliny, Naturalis Historia xvii 5).

Későbbi írók a tényt megkérdőjelezték és azt újra rémhírnek nevezték.

1946-ban „bizonyított tény" volt, hogy a „nácik" emberekből szappant főztek (Ítélet, nürnbergi terrorper, IMT I 252 [283]; VII 597-600 [656-659]; XIX 506 [566-567]; XXII 496 [564]).

Ez a „tény" időközben nyilvánvalóan újra „rémhírré" változott Hilbert, „Az európai zsidók elpusztítása", Holmes és Meier, NY, 966 oldal: „Mindmáig nem követhető nyomon az emberekből való szappanfőzés legendájának eredete.").

A szovjet eredetű, bűnügyileg soha nem igazolt rémhír (Egy korsónyi furcsán bűzlő anyag, USSR 393 bizonyíték) a hágai békepalotában van. A palota tisztviselői érdeklődőknek bemutatják, és eredetinek nevezik, de nem válaszolnak érdeklődők kérdésére, akik azt kérdezik, hogy tesztelték-e valaha az anyagot.

1943-ban rémhírek azt mesélték, hogy „nácik" gőzöléssel, főzéssel, sütéssel, forralással, elektromos sokkal, vákuummal és gázzal ölik a zsidókat (pl. fekete könyv: „Náci" bűnök a zsidók ellen, 270, 274, 280, 313 oldal, melyet a nürnbergi terrorbíróság tényként kezelt; 1946-ban a gázosítás „ténnyé" változott, a gőzölés, főzés, sütés, forralás, elektromos sokk, vákuum „rémhírré". (A gőzölést a Pohl perben „bizonyították", negyedik nürnbergi terrorper, NMT IV 1119-1152).

A „bizonyíték", hogy a „nácik" zsidókat „gázosítottak" minőségileg nem jobb, mint annak a „bizonyítéka", hogy gőzöltek, főztek, sütöttek, forraltak, elektromos sokkal öltek vagy vákuummal öltek zsidókat; jogosnak tűnik, ezt a „bizonyítékot" kétségesnek nevezni.

Ez a cikk nem történelem-átírás, hanem egyszerű útmutató elfelejtett történelmi anyagokhoz. A nürnbergi terrorper során bemutatott 312.022 közjegyzővel hitelesített védelmi vallomást elfelejtették, míg a 8 vagy 9 vádló tanúvallomásra, melyek az előbbieket „felülírták", ma is emlékszünk (XXI 437 [483]).

Ez a cikk sok iratra és oldalszámra hivatkozik. Nem azért, hogy összezavarjon, hogy jó benyomást tegyen, hogy megijessze az olvasót, vagy hogy igazolja állításai igazságát, hanem hogy segítsen az érdeklődőnek utánanézni.

Hogy a védelem állításai hihetőbbek-e, mint az emberi szappan (USSR-197), emberi hajból készült papucsok (USSR-511), kannibál hamburgerek (tokiói per, 1873-as tárgy), melyeket a vádlók mutattak be, azt az olvasónak kell eldönteni.

Rövidítések: IMT: első nürnbergi per, 4 nyelven.

NMT: 12 későbbi nürnbergi per, angolul. Ha nincs más jegyzet, az oldalszám az amerikai irat oldalszáma, a német oldalszámok [zárójelben] vannak.

„Bűnös szervezetek"

A védelem a „bűnös szervezeteket" illetően 102 tanú vallomását és 312.022 közjegyző előtt tett tanúvallomást mutatott be. (XXII 176 [200]).

A „bűnösség" fogalmát sehol nem definiálták (XXII 310 [354]; lásd még XXII 129-135 [148-155]).

Azt sem határozták meg, hogy mikor lettek a vádolt szervezetek „bűnözők" (XXII 240 [272-273]). A nemzeti szocialista párt a vád szerint 1920-tól fogva „bűnös" volt (XXII 251 [285]), de lehet hogy csak 1938-tól (XXII 113 [130]), de az is lehet, hogy egyáltalán nem volt „bűnös" (II 105 [123]).

A 312.000 közjegyzővel tanúsított vallomást bemutatták a „bizottságnak", de a bizottság előtt felsorolt tényállás nem szerepel a nürnbergi terrorperek iratai között. A washingtoni nemzeti archívumok nem tartalmaznak erről az iratról semmit, ott nem tudják, hogy miről van szó, ha rákérdeznek ezekre az iratokra.

A 312.000 iratból csak pár tucatot fordítottak le angolra, így a terrorbíróság nem tudott azokról tudomást szerezni (XXI 287, 397-398 [319, 439]). A terrorbíróság elnöke, Sir Geoffrey Lawrence nem tudott németül, és Robert Jackson sem.

Az utolsó percekben történt változtatások miatt (XXI 437-438, 441, 586-587 [483-485, 488, 645-646]) sok más tanúvallomást is figyelmen kívül hagytak technikai okokból.

A „bizottság" „összefoglalókat" állított össze, melyeket bemutattak a terrorbíróságnak (sok ezer tanúvallomást, köztük a foglyokkal való embersége bánásmódot és hasonlókat). Ezeket az összefoglalókat nem tekintették bizonyítéknak. A terrorbíróság megígérte, hogy elolvassa a 312.000 tanúvallomást ítélethozatal előtt. (XXI 175 [198]); 14 nappal később azt nyilatkozták, hogy a 312.000

tanúvallomás nem igaz. (XXII 176-178 [200-203]).

Azután a vád egyetlen tanúvallomása (D-973-as irat) állítólag „meghazudtolta" a védelem 136.000 tanúvallomását. (XXI 588;437, 366 [647, 483-484, 404]).

102 tanúnak meg kellett jelennie a „bizottság" előtt, mielőtt a terrorbíróság előtt megjelenhettek. Ezután 29 (XXI 586 [645]) vagy 22 (XXII 413 [468]) tanú jelenhetett meg a terrorbíróság előtt, de vallomásuk nem lehetett „kumulatív", azaz nem ismételhették ott meg a „bizottság" előtt tett vallomásukat. (XXI 298, 318, 361 [331, 352, 398-399]).

Majd a vád hat vallomása „meghazudtolta" a védelem 102 tanújának vallomását (XXI 153 [175], XXII 221 [251]).

Az egyik vallomás lengyelül volt, így a védelem nem tudta azt elolvasni (XX 408 [446]). Egy másikat egy Szloma Gol nevű zsidó írta le, aki azt állította, hogy 80.000 holttestet ásott ki és hamvasztott el, köztük saját fiútestvérét. (XXI 157 [179], XXII 220 [250]). (A brit iratban csak 67.000 holttestről volt szó.) A vád már nem vitatta tovább az esetet, amikor ez történt. (XX 389-393, 464 [426-430, 506]; XXI 586-592 [645-651]). A vád azt állította összefoglalójában, hogy 300.000 tanúvallomást mutatott be a terrorbíróságnak, és az eljárás során azt a benyomást keltették, hogy ezek a vád tanúvallomásai (XXII 239 [272]).

Valójában a vádnak csak nagyon kevés tényleg fontos saját tanúvallomása volt. (például XI 437 [483], melyben kilenc tanúvallomás áll szemben százezernyi védői tanúvallomással; valamint lásd XXI 200 [225]; 477-478 [528-529]; 585-586 [643-645]; 615 [686-687]).

A különféle koncentrációs tábori perekben, mint Martin Gottfried Weiss perében egyszerűbb eszközöket alkalmaztak: egyszerű alkalmazottaknak, akkor is, ha csak pár hétig dolgoztak az adott táborban, tudomásuk volt a „közös tervről". Hogy mi az a „közös terv", azt természetesen nem határozták meg. Nem volt szükséges rossz bánásmódot állítani vagy megmutatni, hogy valaki meghalt volna a rossz bánásmód miatt. (40-ből harminchat vádlottat ítéltek halálra). Az „összeesküvés" fogalmát elkerülték, hogy leegyszerűsítsék a vádeljárást.

A nürnbergi bizottság munkájának eredménye Hágában van, és a tűzbiztos irattartó helyiség felét ez tölti be. Minden tanú vallomása le van írva, elkezdve az 1-es oldalon, majd újra írva sok ezer oldalon. Az első másolatok és másolatuk dossziéban van, a dossziék egymáson, nagyon törékeny papíron, rozsdás fémkapcsokkal összefűzve. Teljesen biztos, hogy legalábbis Hágában soha senki nem olvasta el ezt az

7

anyagot.

A 102 tanú vallomásának összegzése a nürnbergi terrorbíróság iratainak XXI és XXII kötetében van végső kiadásban. A végső kiadás azt jelenti, hogy részleteket kitöröltek a védelem összefoglalójából (különben túl hosszú ideig tartott volna a per). Ez az anyag pár száz oldalon van. A nagy-Britanniában kiadott kiadásból ennek az anyagnak egy sorát sem hagyták benne. Angolul 11 lap hiányzik az 1. és 2. paragrafus között a XXI. kötet 594. lapjáról. Ezek megvannak a német kötetekben (XXI 654-664). A maradék nagy része ott megvan.

Az anyag témái például:
- Teljes háború (XIX 25 [32])
- Kártérítések (XIX 224-232 [249-259])
- Német szakszervezetek (XXI 462 [512])
- Gestapo és koncentrációs táborok (XXI 494-530 [546-584])
- Röhm-puccs (XXI 576-592 [635-651])
- Kristályéjszaka (XXI 590-592 [649-651])
- Áttelepítés (XXI 467-469, 599-603 [517-519, 669-674])
- SD (biztonsági szolgálat) (XXII XXII 19-35 [27-47])
- Fegyverkezés (XXII 62-64 [75-78])

A 312.022 tanúvallomás valószínűleg német archívumokban van elhelyezve.

A nürnbergi terrorper ítélete kétszer van kinyomva, az I és a XXII kötetekben. Fontos, hogy megkapjuk a német köteteket és elolvassuk németül az ítéletet a XXII. kötetben. A helytelen németet és a fordítási hibákat, melyeket amerikaiak csináltak, kijavították, és lábjegyzetekkel látták el őket. Ilyenfajta hibák iratokban felfoghatók, mint csalások bizonyítékai. Általában a német IMT iratok előnyben részesítendőek az amerikaiakkal szemben. Gyakori lábjegyzetek a kötetekben hívják fel az olvasó figyelmét fordítási hibákra, hiányzó iratokra és hamisított másolatokra (pl. XX 205 a német kötetekben: „Ez a szöveg nincs benn az eredeti iratban."").

A német kötetek zsebkönyv formában megvehetők a Delphin kiadónál, Münchenben (ISBN 3.7735.2509.5), ezek csak másolatok. Másolatok és eredeti kötetek angol nyelven az Oceana Publications, Dobbs Ferry NY, kiadótól vehetők meg mikrofilmen.

Dokumentumok

Az állítólagos eredeti iratok tára a nürnbergi terrorperek során. Az események szokásos változata szerint a szövetségesek 100.000 iratot vizsgáltak át, és kiválasztottak ebből ezret, melyeket tények igazolására szántak, és hogy az eredeti iratokat a hágai béke palotában raktározták el. Ez a változat meglehetősen pontatlan. A Nürnbergben használt iratok többsége másolat másolata. Az eredeti iratok nagy részét ismeretlen személyek írták egyszerű papírra kéziratos megjegyzések nélkül. Néha van rajtuk egy-egy olvashatatlan névjel vagy aláírás többé-kevésbé ismeretlen személyektől, mely igazolja, hogy az irat „valódi másolat".

Néha vannak rajtuk német pecsétek, néha nem. Sokat „találtak" a szovjetek, vagy a szovjet háborús bűnök bizottsága „igazolja eredetiségüket".

Ha megnézzük a véletlenszerűen kiválasztott XXXIII kötetet, abban 20 kihallgatási jegyzőkönyv vagy tanúvallomás van, 12 fénymásolat, 5 nem aláírt másolat, 5 eredeti irat aláírva, 4 másolat nyomtatott anyagról, 3 stencilezett másolat, 3 távirat, 1 mikrofilm másolat, 1 másolat, melyet valaki aláírt, egy nem ismert célú irat.

Hágában kevés eredeti irat van, ha van ilyen egyáltalán ott. Hágában sok háború utáni „tanúvallomás" van állításokról, melyekre megesküdtek, sok értékes védelmi anyag. Megvan az „emberekből készült szappan", melynek valódiságát soha senki nem igazolta, valamint az eredeti „emberi szappan recept" (USSR-196 irat), mely csalás; de nyilvánvalóan nincsenek eredeti német iratok a háború idejéből. Hágában fénymásolatok vannak ezekről az iratokról nagyon rossz papíron, melyet egymásra fektetve raktároznak. Hogy lemásoljanak egy lapot, a rajta levőket leveszik, majd visszarakják őket, ami biztosan nem javítja a szerény minőséget. A legtöbb iratot nemigen másolják, a hágai tisztviselők szerint igen szokatlan, hogy valaki másolatot szeretne belőlük.

A washingtoni nemzeti archívum azt állítja, hogy az eredeti iratok Hágában vannak (lásd Telford Taylor használati utasítását a megszerzett német és azokhoz kapcsolódó iratokról). Hága szerint az eredeti iratok a washingtoni archívumban vannak.

A nürnbergi városi archívum és a koblenzi szövetségi archívumnak szintén nincsenek eredeti iratai, mindketten azt állítják, hogy az eredeti iratok Washingtonban vannak. Mivel az eredetiek többnyire kópiák, gyakran nincs bizonyíték arra, hogy az eredeti valaha is létezett.

Robert Jackson azzal fejezte be a tárgyalást, hogy a hamisított vagy más módon értéktelen iratokból idézett: 1947-PS; 1721-PS; 1014-PS; 81-PS; 212-PS; és sok más hasonló (II 120-142 [141-168]).

1947-PS Fritsch tábornok levele fordításának másolata Schutzbar-Milchling bárónőhöz. A bárónő később aláírt egy tanúvallomást, hogy a kérdéses levelet soha nem kapta meg. (XXI 381 [420-421]).

Fritsch tábornok hamisított levelét Schutzbar-Milchling bárónőhöz már a tárgyaláson hamisítványnak ismerték el, és nem adták hozzá az iratokhoz, ahol hozzá kellett volna adni, XXVIII 44, a terrorbíróság erre nem hívta fel Jackson figyelmét (XXI 380 [420]).

Lelkes amerikaiak nyilvánvalóan 15 ilyen fordítást hamisítottak, melyek eredetije mind eltűnt (lásd Taylor, elcsípett iratok).

1721-PS hamisítás, melyben egy SA ember jelentést ír sajátmagának arról, hogyan vitelez ki egy rendeletet, amelyet betű szerint idéz a jelentésben. A 2. és 3. lapon szereplő kéziratos jelölések nyilvánvalóan az 1. oldalon levők utánzásai (XXI 137-141 [157-161]; 195-198 [219-224]; 425 [470];XXII 147-150 [169-172]. Lásd a tanúvallomást a bizottság előtt, Fust, 1946 április 25, és Lutze 1946 május 7-én. a nemzeti archívumnak az 1721-PS-ről pozitív fénymásolata van, Hágának pedig negatív. Az „eredeti" fénymásolat (XXVII 485).

1014-PS hamisított „Hitler beszéd", melyet ismeretlen személy vetett papírra. Az irat fejléce szerint „második beszéd", noha ismeretes, hogy Hitler aznap csak egy beszédet mondott el. A beszédnek négy változata van, ebből három csalás. 1014-PS, 798-PS, L-3, és az eredeti Ra-27 (XVII 406-408 [445-447]; XVIII 390-402 [426-439]).

A harmadik csalás. L-3 irat FBI labor pecséttel van ellátva, és soha nem lett tárgyi bizonyíték (II 286 [320-321]), de 250 példányát a sajtónak adták eredetiként (II 286-293 [320-328]). A.J. Taylor ezt az iratot idézi „A II. vh. eredetei" c könyvében, és annak forrásaként a német külpolitikai hivatalt adja meg, D vii sorozat, No 192 és 193.

L-3 sok Hitlerhez kapcsolt idézet forrása, például „Ki emlékszik az örmények sorsára ma már", valamint „ellenségeink férgek, láttam őket Münchenben". A szöveg szerint Hitler magát Dzsingisz Kánhoz hasonlítja, ki akarja irtani a lengyeleket, Chamberlaint pedig fényképészek előtt akarja seggbe billenteni. Úgy tűnik az iratot ugyanazzal az írógéppel írták, mint sok nürnbergi iratot, köztük ugyanennek a beszédnek más változatait. Az írógép valószínűleg egy Martin volt a Nürnbergi Triumph-Adler gyárból.

81-PS „igazolt másolata" egy nem aláírt levélnek, melyet

ismeretlen személy készített. Eredeti, egy soha el nem küldött levél első vázlata. Ezt a levelet állítólag Rosenberg írta, aki kifejezetten tagadta a levél írását. (XI 510-511 [560-561]). Az irat nincs aláírva, nincs tárgya, nincs iratszáma, és nem találták meg az állítólagos címzett iratai között. (XVII 612 [664]). 81-PS fénymásolat, szovjet számmal (USSR-353, XXV 156-161).

212-PS-t szintén ismeretlen személy készítette egyszerű papíron, kézírásos jelek, dátum, cím vagy bélyegző nélkül (III 540 [602], XXV 302-306;) lásd a fénymásolatokat vagy negatív másolatokat Hágában.

Ez sajnos tipikus. A 386-PS irat a Hossbach protokoll. Hitler állítólagos 1935 november 5-i beszéde, egy mikrofilm igazolt fénymásolata; az eredetit egy amerikai készítette, erről egy német másolatot készített, erre Hossbach nem igazolt jegyzeteket írt, mindez egy Hitler beszédről, melyet 5 nappal a beszéd után írtak le emlékezetből. Ez nem a legrosszabb irat, hanem a legjobbak egyike, mert tudjuk, hogy ki készítette a másolatokat. 386-PS szövegét „szerkesztették" (XLII 228-230).

Így a „per iratok alapján" így működik: A, egy ismeretlen személy állítólagos szóbeli kijelentésekre figyel, melyeket B tesz, és jegyzeteket ír, vagy iratot készít az állítólagosan elmondott szöveg alapján. Az irat aztán „ténnyé válik", nem A vallomásává, aki a másolatot csinálta, hanem B, C, D és E és más emberek tetteit illetően, noha ezeknek az égvilágon semmi közük sincs az irathoz vagy az állítólagos szöveghez. Ez pontosan az ellenkezője annak, ami bizonyításként szokásos civilizált országokban. Az iratokat tanúk nem igazolják.

Eredeti iratok hamisításához ritkán folyamodtak Nürnbergben, mert az iratokat nem mutatták be a bíróságnak. Az „eredeti irat", azaz az eredeti, alá nem írt másolat az iratközpontban volt biztonságba helyezve. (II 195 [224], 256-258 [289-292]).

Azután másolatról 2 (V 21 [29]) vagy 6 (II 251-253 [284-286]) másolatot készítettek, és azokat vitték a terrorperre. A többi másolatot stencilezték (IX 504 [558-559]).

A periratokban az „eredeti" szó fénymásolatot jelent (II 249- 250 [283-284]; XIII 200 [223], 508 [560], 519 [573], XV 43 [53], 169 [189], 171 [191], 327 [359]), szemben a stencilekről készített fénymásolatokat. (IV 245-246 [273-274]).

Az iratok „fordítása" a per kezdetétől rendelkezésre állt (II 159- 160 [187-189], 191 [219-220], 195 [224], 215 [245], 249-250 [282- 283], 277 [312], 415 [458], 437 [482-483]), de az „eredeti" német szöveg csak a tárgyalás utolsó két hónapjában állt rendelkezésre. Ez

nemcsak a periratokra és a vádakra áll, de MINDEN IRATRA.
A védelemnek nem voltak német nyelvű iratai egészen 1949 január 9-ig. (V 22-26 [31-35]).

A következő iratokat írták nagy valószínűséggel ugyanazzal az írógéppel: 3803-PS, Kaltenbrunner egy levele a bécsi polgármesterhez, a polgármester levele, mellyel Kaltenbrunner levelét a terrorbírósághoz küldi, (XI 345-348 [381-385]). Kaltenbrunnernek ez a levele hibás földrajzi fogalmat tartalmaz. (XIV 416 [458]).

Martin Bormann

Bormannt vallásüldözéssel és sok más bűnnel vádolták. Bormann védőügyvédje, Dr. Bergold utalt rá, hogy ma sok ország (A Szovjetunióra utalva) kifejezetten ateista, és ha egy állam megtiltja, hogy papok magas pártfunkciókat töltsenek be (itt a nemzeti szocialista pártra célzott), azt nem lehet „üldözésnek" nevezni. Dr. Bergold szavaival:

„Azt állítják, hogy a párt bűnös szervezet, összeesküvő. Bűn az, ha megtiltják embereknek, hogy egy bűnös összeesküvés tagjai legyenek? Lehet ezt bűnnek nevezni?" (V 312 [353]).

Iratokat mutattak, melyek azt mutatták, hogy Bormann megtiltotta a vallás üldözését, és kifejezetten megengedte a vallásoktatást (XXI 462-465 [512-515]). Ennek a rendelkezésnek az volt a föltétele, hogy a teljes bibliai szöveget kell használni; törlések, manipulációk vagy átírás tilos volt. Az egyházak állami támogatást kaptak a háború végéig. A háború alatti papírhiány miatt minden újság nyomását csökkentették, nemcsa a vallásiakét. (XIX 111-124 [125-139]; XXI 262-263; 346; 534; 539; [292-293; 383; 589;595]; XXII 40-41 [52-53]).

Bormann ügyvédjének nem volt nehéz igazolni, hogy Bormannt nem vádolhatták semmilyen ország törvényei szerint sem, mivel a lejegyzők nem felelősek minden aláírt irat tartalmáért. Nem volt világos, hogy Bormann milyen mértékig működött csupán lejegyzőként és titkárként. Az elítélésnél a törvény lényegtelen volt, és Bormannt akasztás általi halálra ítélték. Az ítélet azonnali kivitelezést írt elő, függetlenül sok olyan tanúvallomástól, melyek szerint Bormann meghalt egy tank felrobbanásakor és nem valószínű, hogy egy darabban volt, ami az akasztás keresztülvitelét gyakorlatilag igen megnehezítette. (XVII 261-271 [287-297]).

Karl Dönitz

Dönitzet azért börtönözték be, mert „illegális tengeralattjáró háborút" merészelt folytatni a britek ellen. A nemzetközi jog szerint minden a kétoldalúság és a nemzetközi megállapodások dolga, melyek végrehajtása csakis kölcsönösség alapján történhet. Háború esetén a legjobb védelem egy határozott ellentámadás ugyanazzal a fegyverrel. A britek, mint a tengerek urai mindkét háborúban bevetették a blokádot és az úgynevezett navicert rendszert. Semleges hajókat megállítottak a tengeren, arra kötelezték, hogy brit kikötőben kössenek ki, majd komplikált rendszer szerint átkutatták őket: ha egy semleges ország több élelmet, műtrágyát, gyapjút, bőrt, gumit, pamutot importált, mint amennyi saját szükségleteit kielégítette (a britek szerint), akkor a különbséget szerintük a németeknek szánták. Eredmény: A hajót, és annak teljes szállítmányát elrabolták és árverésen elárusították, ami még a brit haditengerészeti szerződéseket is megsértette.

    1918-19-ben a blokádot 8 hónapig tartották fönt a fegyverszünet megkötése után, hogy a németeket a versaillesi szerződés aláírására kényszerítsék. Németek százezrei haltak éhen a háború után, amíg a diplomaták késlekedtek, mindez nyilvánvaló megsértése volt a fegyverszünetnek és az összes nemzetközi szabálynak. A brit álláspont szerint a blokád legális volt, de kivitele teljesen illegális módon történt (Lásd 1911 Encyclopaedia Britannica, semlegesség, és 1922

13

Encyclopaedia Britannica, blokád, békekonferencia). A Japán ellenes háború idején az amerikaiak „a háború első napjától mindent elsüllyesztettek, ami mozgott".

Semlegesek, köztük az Egyesült Államok panaszkodtak, hogy ez megsérti semlegességüket, majd újra panaszkodtak, saját semlegességüket megsértve. Egy ország, mely megengedi, hogy megsértsék semlegességét, ellenségesnek tekinthető.

A britek soha nem írák alá az 1907 október 18-án megkötött hágai szerződést a semlegesek jogairól, de annak szabályait kötelezőnek vette a németekre és japánokra függetlenül a nemrészvételi záradéktól (ami szerint a szerződés nem kötelező nemaláírókra).

1939-ben a németeknek csak 26 tengerjáró tengeralattjárójuk volt, egyötöde a franciákéinak. Emellett a német tengeralattjárók sokkal kisebbek voltak, mint más országokéi. A britek ellen ellenblokád csak annyit tudott elérni, hogy figyelmeztette a semlegeseket, hogy ne hajózzanak a brit szigetek körüli vizekben. A britek szerint ez „bűn" volt.

A 26 tengeralattjáróból sok volt javításon, úgyhogy hónapokon keresztül csak kettő vagy három volt tengerképes. Nyilvánvaló, hogy egy tengeralattjáró nem tud úgy keresni és lefoglalni, mint egy tengeri hajó; a felületen védtelen a legkisebb kereskedelmi hajó tüze ellen, nem is említve a rádiót, radart és légierőt.

A britek szerint Nürnbergben a német tengeralattjáróknak a felszínre kellett volna menniük, tudtára adni a felszíni hajóknak, hogy ki akarják kutatni őket, várni, hogy a hajók elkezdjék ellenséges tevékenységüket, majd elsüllyeszteni a hajót a tengeralattjáró fedélzeti fegyvereivel; majd a túlélőket fölvenni a tengeralattjáróra (ahol sokkal nagyobb veszélyben lettek volna, mint bármelyik mentőcsónakban), és a legközelebbi szárazföldre vinni őket.

Ha egy brit repülőgép megjelent, elsüllyesztette a tengeralattjárót, megölte a túlélőket, ezeket természetesen a németek „gyilkolták le", Semmilyen nemzetközi szerződés nem írja ezt elő, és egy nemzet sem harcol ilyen módon. Mivel a tengeralattjárók nem alkalmasak mentésre, és mentési kísérletek gyakran okozták a tengeralattjáró és a legénység elvesztését, Dönitz megtiltotta az ilyenfajta mentést. Ezt a rendelkezést „a túlélők megsemmisítésének" nevezték. Ezt nem vették figyelembe az ítéletnél.

Dönitz a németeket ellenállásra buzdította reménytelen helyzetben; Dönitz azt felelte, hogy Churchill ugyanezt tette.

„Nagyon fájdalmas volt látni, hogy városainkat rommá bombázzák és hogy a bombázások és a folyamatos harc sok

emberéletet követelt. Az így megöltek száma 3 és 400 ezer között van, a legtöbben Drezda bombázásakor estek el, amit semmiféle katonai szempont nem indokol, és ami nem volt előre megjósolható."
„De ez a szám viszonylag csekély összehasonlítva németek millióival, akik meghaltak volna a keleti fronton, katonák és civilek, ha télen kapituláltunk volna." (XIII 247-406 [276-449]; XVIII 312-372 [342-406]).

Hans Frank

Frankot azzal vádolták, hogy egy 12.000 oldalas iratban, melyet „naplójának" neveztek, sok antiszemita megjegyzést írt le. A „napló" egyetlen aláírt oldalt tartalmaz, és emberi megjegyzések százait, melyeket nem vettek figyelembe (XII 115-156 [129-173]). Az antiszemita megjegyzéseket a szovjetek válogatták ki és egy rövid iratba vezették át, melyet bizonyítékként vonultattak föl 2233-PS szám alatt, és amelyet mindmáig „Frank naplójának" hívnak.

A tényleges 12.000 oldalas „napló" összefoglalásokat tartalmaz (nem szószerinti leiratokat vagy gyorsírásos jegyzeteket) megbeszélésekről, melyeken 5-6 személy beszélt, gyakran egy időben, és gyakran zavaros körülmények között. Nem világos, hogy melyik kijelentést ki tette (XII 86 [97-98]).

Frank a „naplót" abban a hitben adta az amerikaiaknak, hogy ez föl fogja menteni; Hitler beszédeit kritizálta nagy személyes kockázatot vállalva, és 14 alkalommal próbált lemondani. (XII 2-114 [8-128]; XVIII 129-163 [144-181]).

Frank azután győzte meg önmagát, hogy atrocitások történtek, miután a szovjet Majdanek perről olvasott idegen sajtóban. (XII 35 [43]). Auschwitz nem volt a Frank irányította területen.

Frank abban látta feladatát, hogy független jogszolgáltatást állítson föl a nemzeti szocialista államban; lehetetlennek vélte a feladat végrehajtását. Ezt mondta 1941 november 19-én:

„A törvényességet nem lehet alku tárgyává tenni. A

törvényesség nem eladható. Vagy van, vagy nincs. A törvényességet nem lehet a tőzsdén árulni. Ha a törvényt nem támogatják, az állam elveszti erkölcsi erejét és a sötétség és szörnyűség mocsarába süllyed."
Hitler soha nem alkalmazott utólag hozott törvényeket. Három esetben a büntetést utólag megnövelték (XVII 504 [547]).
Frank állítólagos fosztogatásait a Rosenberg részben tárgyaljuk.

Wilhelm Frick

Fricket azért akasztották föl, mert állítólag „germanizálta" Pózen, Danzig, Nyugat-Poroszország, Eupen, Malmedi, a Szudétaföld, a Memel-vidék és Ausztria lakosait. Ausztria kivételével ezek a Porosz birodalom részei voltak, melyeket a versaillesi szerződés csatolt le Németországról. Malmedyben franciául beszélnek, a többi helyen németül. Ausztria nem volt képes gazdaságilag lábraállni 1919 után, és szavazással igazolta, hogy egyesülni akar Németországgal. A szövetséges győztesek válasza erre az volt, hogy elvágták élelmiszerszállítóitól (XVIII 55 [66], XIX 360 [397]).

Frick ellen a másik vád az volt, hogy megölt 275 ezer gyöngeelméjű személyt a cseh „háborús bűnök bizottsága" „jelentése" szerint.

Fricket, Göringhez hasonlóan a koncentrációs táborok létezéséért való felelősséggel is vádolták. Frick védelme kimutatta, hogy „védőőrizet" már a nemzeti szocialista hatalomra jutás előtt is ismert volt mind Németországban, mind Ausztriában. Ausztriában Anhaltehaft-nak nevezték, és nemzeti szocialisták ezreit zárták így be (XXI 518-521 [572-576]). Védőőrizet még ma is létezik Németországban, U-Haft-nak hívják.

A legfontosabb dachaui perek utolsó ítéletében (Martin Weiss és 39 más személy elleni per, háborús bűnösök előtti perekről írt jelentés, XI. kötet, 15 oldal, az ENSZ kiadványa) a következő mondat van: „A mauthauseni koncentrációs táborban az esetek ezzel azonosak voltak, de a baleseti számok sokkal nagyobbak voltak, mint a tömeges

megsemmisítéseké, melyeket gázkamrákkal végeztek."
Ez annak beismerése, hogy Dachauban nem volt gázkamra? A háborús bűnösök előtti perekről írt jelentésekben soha nem szerepelt, hogy valaha is „bebizonyosodott volna" gázkamra jelenléte Dachauban.

Nürnbergben bemutatták a Martin Gottfried Weiss és 39 társa elleni per ítéletének „igazolt másolatát" a törölt mondattal együtt, ennek száma 3590-PS (V 199 [228]) három másik irattal melyek gázosítással való megsemmisítést állítanak Dachauban (3249-PS irat, V 172-173 [198], XXXII 60; 2430-PS irat, XXX 470; és 159-L, XXXVII 621).

Fricket a dachaui tömeges gázosítások tanúvallomás, 3249-PS irat, melyet Daniel L. Margolies írt, aki 3 Hitler beszédet is hamisított, XIV 65, aláíró Dr. Franz Blaha azzal vádolta, hogy meglátogatta Dachaut. Frick tagadta, és azt kérte, hogy állítsák szembe Blahával, aki igazolja a perben saját aláírását.

A kérést elutasították, és Frick föladta. Soha nem igazolta a vádat. Védelmének összefoglalója a XVIII 164-189 [182-211] iratban van.

A vádló, Dr. Franz Blaha, kommunista, a nemzetközi Dachau szervezet elnöke 1961-ben ma is állítja, hogy látott gázosítást, és nadrágokat és egyéb bőrtárgyakat készített emberi bőrből.

Martin Gottfried Weiss tárgyalása 4 mikrofilmtekercsen megrendelhető (MII 74, National Archives). A per előtt készített gázkamra bemutatók (jelentés, diagramok, 1. filmtekercs) soha nem lettek a bizonyítás része, és hiányoznak a peranyagból (4. filmtekercs). Az iratokban (2. és 3. filmtekercs) semmiféle említése nem szerepel a gázkamráknak, kivéve Dr. Blaha vallomásának néhány mondata (1. kötet, 166-169. oldal). Az állítólagos emberbőr vakondbőr volt (4. kötet, 450, 462, 464 oldal).

Hans Fritzsche

Fritzsche egy levél alapján meggyőzte magát, hogy Oroszországban tömeges kivégzések voltak, és megpróbálta ezt ellenőrizni. Soha nem talált rá semmiféle bizonyítékot (XVII 172-175 [191-195]). Fritzsche fontos vádlott, mert esetében elismerték, hogy a külföldi sajtó sok hamis hírt nyomott le Németországról (XVII 175-176 [194-196]; valamint XVII 22-24 [30-33]). Pontosan ugyanezek a hírforrások tartalmazták az „általánosan ismert tényeket", melyeket a terrorbíróság véleménye szerint nem szükséges bebizonyítani. (Szabályok, 21, szakasz, I 15 [16], II 246 [279]).

 Fritzsche védelme hangsúlyozta, hogy nincs nemzetközi szabály, mely a propagandát és az atrocitásról szóló történeteket szabályozná, és csupán egyetlen államnak, Svájcnak van az ellen törvénye, hogy megsértsék más országok államfőit. Hogy Fritzsche nem vádolható semmiféle bűnnel, Nürnbergben lényegtelen volt. Nem volt olyan per kívánatos, melyben minden vádlottat fölmentenek. A végső ítélet előtti alkudozásnál megállapodtak abban, hogy Fritzschet fölmentik.

Walter Funk

Funk klasszikus zongorista volt ismert zenészcsaládból, a per idején 25 éve nős, valaha gazdasági szerkesztő. Funkot „erkölcstelen cselekedetekkel" vádolták, mint születésnapi ajándék elfogadása Hitlertől, valamint hogy „készségesen részt vett a közös tervezésben" (ilyesmi nyilvánvalóan nem tilos).

Funk állítása szerint a lengyelek és britek provokálták Németországot a háborúba abban a reményben, hogy a tábornokok puccsal átveszik a hatalmat.

Funkot azzal vádolták, hogy az SS-el szövetkezett, hogy koncentrációs tábor lakóinak kihúzott fogaival finanszírozza a háború folytatását. A fogakat egy olyan helyen őrizték a birodalmi bankban, ahol borotvakészülékeket, töltőtollakat, ébresztőórákat és más, többé-kevésbé haszontalan tárgyat is őriztek. Elfelejtették Rudolf Höss vallomását, amely szerint a fogakat Auschwitzban beolvasztották (XI 417 [460]).

Funk igazolta, hogy bárminemű fosztogatás emlegetése „abszurd", és rámutatott, hogy az SS vámhivatali rendőrségként működött, pénzváltási ellenőrzési joga volt, és a nemesfémek és külföldi pénz tartásának tilalmát is ellenőrizték. Így természetes volt, hogy az SS nagy értékeket kobzott el, és az SS, mint állami szervezet, folyószámlák és értékes lerakatok tulajdonosa volt. A németek hasonló lerakatokban tartották értékeiket, ezekhez a birodalmi bank nem fért hozzá, mert ezek magánlerakatok voltak.

Ahogy gyakrabbak lettek a bombatámadások, egyre több német polgár adta be értékeit a bankok lerakataiba. A bank egy részleges lerombolásakor az értékeket Türingiába vitték egy káliumbányába. Az amerikai megszállók megtalálták ott az értékeket és hamisítottak róluk egy filmet. Funk és ügyvédje egy ellenkező tanú segítségével igazolták a film hamisítvány voltát. Ezek a vallomások és kérdések voltak az egész per legélesebb vizsgálatai (XIII 169 [189-190], 203-204 [227-228], 562-576 [619-636]; XXI 233-245 [262-275]).

Itt használták a nevetséges Pohl vallomást, 4045-PS irat, mely azzal vádolta Funkot, hogy egy vacsorán vitatta meg a zsidók fogainak felhasználását a háború folytatására több tucat vendég és személyzet jelenlétében. (XVIII 220-263 [245-291]) Ez a tanúvallomás németül van, és Robert Kempner a tanúja. Pohlt később azzal gyanúsították, hogy gőzzel ölt meg embereket Treblinkán, és hajukból lábtörlőt csináltatott. (NMT IV 1119-1152), 4. terrorper Nürnbergben.

Funk más vádlottakhoz hasonlóan úgy hitte, hogy történtek bűnök, de azt állította, hogy ő nem tudott róluk. Az a hite, hogy bűnök történtek nem bizonyítja, hogy ez a hit igaz.

Kurt Gerstein

Kurt Gersteinra gyakran úgy hivatkoznak, mint holokauszt-„tanúra", de ez nem helyes. Egy tanú olyan személy, aki valamit látott, és a látottakat személyes ismeretei alapján igazolja. Gersteinra ez nem áll. Gerstein nem használt tanú volt, ami azt jelenti, hogy a neve ott áll egy „vallomás" végén, amit franciául írtak, és amit vagy ő, vagy más írt le. (Az 1553-PS iratot nem fogadták el Nürnbergben.) (VI 333-334 [371-372], 362-363 [398-399]).

Gerstein történetének egyik változata az, hogy állítólag leírt egy történetet a Cherche-Midi börtönben, Franciaországban, majd öngyilkos lett, és a teste eltűnt.

Sokkal valószínűbb, hogy egy németül tudó zsidó kihallgató és fordító írta le a történetet, és néhány logikátlanság adódott a kihallgatás körülményeinek következtében (pl. télről beszélnek augusztusban vagy egyik mondatban autóval utazott, a másikban vonattal és hasonlók). Kisebb háborús bűnös perekben és a japán háborús bűnös perekben ilyenfajta, esküvel meg nem erősített állítások gyakoriak, és ezeket valószínű dolgokként kezelik, de súlyuk kisebb, mint az esküvel alátámasztott vallomásoknak. Lehetséges, hogy Gerstein a kihallgatás során szerzett sebesülésekbe halt bele, de az is lehet, hogy az írógép szalagjával akasztotta föl magát.

Ezt az iratot később részletesen idézték a Pohl perben, ennek alapján „igazolt volt", hogy Treblinkában 10 gázkamra volt (1553-PS) és 21 gőzkamra (3311-PS) ugyanabban a táborban egy időben.

G.M. Gilbert

A nürnbergi terrorper során a vádlottak viselkedését és pszichológiáját vizsgáló személyek közül legismertebb az Ausztriából származó zsidó pszichológus, G.M. Gilbert, aki könyvet írt tapasztalatairól „Nürnbergi napló" címmel. A könyv nagy része állítólagos beszélgetéseket ír le vádlottakkal és más személyekkel, mint pl. Rudolf Hössel, vagy a vádlottak egymás közti beszélgetéseit írja le (!), amelyeket Gilbert később emlékezetből vetett papírra.

A nürnbergi per jegyzőkönyveinek összehasonlítása Gilbert könyvével azt mutatja, hogy a vádlottak nem olyan stílusban beszéltek, ahogy azt Gilbert leírja. Tanúk nem voltak jelen az állítólagos beszélgetéseknél.

Azok, akik azt hiszik, hogy a 1014-PS, 798-PS és L-3 iratok „Hitler-beszédek", legalábbis az Ra-27 irattal összehasonlítva, azt hihetik, hogy Gilbert könyve a „nürnbergi per vádlottainak állításait" tartalmazza. Természetesen ezek nem zárják ki, hogy némely állításuk

hasonló volt ahhoz, mint amire Gilbert állítólag „emlékezett".
Gilbert azt hitte, hogy a vádlottak zsidók millióit gázosították el. Ha nem érezték magukat bűnösnek tetteik miatt, ez azt igazolta, hogy „sizoidok",
Nyilvánvaló, hogy Gilbert hite befolyásolta feltételezéseit és memóriáját bizonyos fokig, még ha az igazat is mondja, ahogy a dolgokra emlékszik. Ha hazudik, nem ő az egyetlen „amerikai", aki ezt teszi. Például Telford Taylor a legegyszerűbb állítást sem volt képes hűen visszaadni, (lásd XX 626 [681-682], Manstein tábornok kijelentéseit összehasonlítva Taylor „idézeteivel" Mansteintól, XXII 276 [315]).

Gilbert becstelenségét legjobban 1945 december 14-i följegyzése bizonyítja:

„Walsh őrnagy folytatta az iratokkal igazolt zsidómegsemmisítés igazolását Treblinkában és Auschwitzban. A lengyel iratban ez állt: ‚Minden áldozatnak le kellett vennie ruháit és cipőit, melyeket később összegyűjtöttek; ezután minden áldozatot, elsőnek a nőket és gyerekeket a halálos kamrákba terelték, a kisebb gyerekeket egyszerűen bedobták.' " (69. oldal, 1. kiadás)

Az „igazoló iratok" természetesen a kommunista „háborús bűnösségi jelentések", és a „halálos kamrák" természetesen gőzkamrák (III 567-568 [632-633]).

Hermann Göring

Göringet azzal vádolták, hogy megalkotta a koncentrációs táborok rendszerét és „agresszív háborút" indított Lengyelország ellen. Göring válasza az volt, hogy Németország szuverén állam, melyet a világ minden állama elismer (XXI 580-581 [638-639]), hogy Hitlert törvényesen választották meg, hogy minden állam joga saját ügyeit úgy intézni, ahogy az számára a legalkalmasabban tűnik. Schleicher tábornok illegálisan és alkotmányellenesen akart uralkodni a nemzeti szocialisták támogatása nélkül. Németország 1933-ban a polgárháború határán volt; a koncentrációs táborokat a britek vezették be a búrok elleni háború idején, és idegeneket és a politikai ellenzék mind Britannia mind az USA gyakorolta a II. vh idején.

A táborok alapítása kétségtelenül jogos volt a weimari alkotmány szükségtörvénye szerint, Hindenburg aláírta a törvényt 1933 február 28-ám a weimari alkotmány 48 cikkének 2. paragrafusának értelmében (XVII 535 [581], XIX 357 [394]).

Egy bűnvádi irat szerint, R-129 irat, (III 506 [565-566])), az összes német koncentrációs táborban 21.400 lakos volt összesen, míg hagyományos börtönökben 300.000 személy volt (XVII 535-536 [581-582], XX 159 [178]). Egy évvel a háború megkezdése után 300.000 németet tartottak szövetséges táborokban „automatikus fogságban" szövetséges megállapodások értelmében, mint a potsdami megállapodás B-5-ös pontja. (XVIII 52 [62]).

A német koncentrációs táborokban levő személyek többsége kommunista volt és köztörvényes bűnöző (XVII 535-536 [581-582], XXI 516-521 [570-576], 607-614 [677-685]).

A háború alatt a szövetséges blokád miatt a a táborrendszert megnagyobbították hogy használja az ellenséges idegenek munkáját, a bűnözőkét, Jehova tanúit és kommunistákat. Az USA 11.000 Jehova tanúját börtönözte be (XI 513 [563]).

Britannia mindkét világháborúban kijátszotta a nemzetközi jogot, és Németországot és minden megszállt területet éhhalálra akart kényszeríteni blokád segítségével (XIII 445-450 [492-497]; XVIII 334-335 [365-367]). Emiatt lett rekvirálás és munkaszolgálat szükséges a megszállt területeken, és ezt megengedi a 197 október 18-i negyedik hágai egyezmény. Az ennek keretében dolgozók elégedettek voltak németországi munkájukkal és két és három millió birodalmi márka közti összeggel segítették családjukat odahaza a háború idején.

A „rabszolgák" német adót fizettek munkájuk után, esetleges hiba esetén büntetést fizettek, ami nem haladhatta meg egyheti munkabérüket (V 509 [571]). Durva fegyelemsértés esetén munkatáborba lehetett küldeni őket (nem koncentrációs táborba) maximum 56 napra XXI 521 [575-576]). Tilos volt verni őket vagy rosszul bánni velük.

Hadifoglyokat jelentkezés eseten kiengedhették a hadifogolytáborból, és dolgozhattak az iparban, ahol ugyanúgy bántak velük, mint bármelyik ipari munkavállalóval (XVIII 496-498 [542-

544]), de elvesztették védelmüket a genfi hadifogoly egyezmény szerint. Nem lehetett őket munkára kötelezni.

A Franciaországi Vichy kormánnyal való egyezmény értelmében minden három munkás fejében, akik legalább hat hónapra németországi munkára jelentkeztek (XVIII 497 [543]) elengedtek egy hadifoglyot. Nem lehetett a genfi egyezményt azzal megsérteni, hogy francia, belga vagy holland hadifoglyokat arra kötelezték volna, hogy országuk elleni ellenséges hadműveletekben vegyenek részt, mert országuk már nem harcolt. (XVIII 472-473 [516]).

A lengyelországi támadást illetően, a lengyel krízis már egy évvel a Molotov-Ribbentrop szerződés és a német-szovjet támadás előtt fönnállt. Ez alatt az idő alatt a lengyelek soha nem kértek semleges érdekegyeztető tárgyalásokat; soha nem beszéltek a nemzetek ligájával, mert nem akartak méltányos megegyezést. Megelégedtek azzal hogy folytatták erőszakos cselekményeiket, hogy kiüldöztek német származású lengyel állampolgárokat, és sok száz vagy ezer zsidót. (XVI 275 [304]).

Lengyelül beszélő zsidók beszivárgása volt a közvetlen oka a németországi antiszemitizmusnak sok vádlott és tanú szerint. XXI 134-135 [155]; XXII 148 [169]). A lengyelül beszélő zsidók sok gazdasági botrány és csalás résztvevői voltak, mint pl. a Barnat-Kutitsky eset. (XXI 569 [627]).

Az „összeesküvésre a háborús törvények kijátszására" azt kell mondani, hogy ezt a britek tették, a tömeges légibombázással. A német katonáknak részletes írott utasításuk volt a tulajdon tiszteletben tartására és hasonlókra (IX 57-58 [68-69], 86 [100-101], XVII 516 [560]).

Gyakori perek sokszor halálbüntetéssel voltak jellemzőek a német haderőre olyan személyek ellen, akik erőszakoskodtak vagy raboltak, akkor is, ha kis értéket raboltak el (XVIII 368 [401-402], XXI 390 [431], XXII 78 [92]). Állami tulajdon rekvirálása megengedett a hágai egyezmény értelmében. A kommunista országokban nem volt magántulajdon. Göring azt mondta, volt a Szovjetunióban, és ott nem volt mit ellopni. (IX 349-351 [390-393]). A per idején a szövetségesek megtették a német lakossággal szemben mindazt, amivel a németeket vádolták. (XXI 526 [581]; XXII 366-367 [418-420]).

Göring a „nyomáskamra orvosi kísérlet" vádat is visszautasította. Azt mondta, minden levegőben szolgáló személynek meg kellett vizsgálni reakcióit nagy magasságra. semmi különös nem volt a „nyomáskamra" tesztben. (XXI 304-310 [337-344]). Amerikaiak éppen a nürnbergi per idején végeztek olyan nyomáskísérleteket, melyek halállal végződtek (XIX 90-92 [102-104]; lásd még XXI 356,

370 [393, 409]). Érdekes módon egy „védelmi háború" magában foglalhatott megelőző támadást (XXII 448 [508]) hogy saját polgárai biztonságát garantálja egy idegen kormánnyal szemben (XIX 472 [527]; XXII 37 [49]), kivéve, ha ezt németek tették. A németek tiltakozását egyszerűen semmibe vették.

A szovjetek 10.000 tankot és 150 hadosztályt állomásoztattak Lengyelország keleti határán, és megnövelték a repülőterek számát 20-ról százra a maguk oldalán. Részletes térképeket találtak ezekről, melyeket védekezés nem tett szükségessé. Úgy gondolták, hogy a román olajmezők vagy a sziléziai szénbányák megtámadásának kivárása öngyilkosság lett volna. XIX 13-16 [20-23], XX 578 [630-631]; XXII 71 [85]). Nem valószínű, hogy nagy gyarmatbirodalommal rendelkező (Anglia, Franciaország) vagy egész világrészek uralmára igényt tartó területek (USA) meg tudna egyezni a „támadó háború" meghatározásában. Ténylegesen az történt, hogy a nürnbergi terrorper során a „támadó" (vagy agresszív), a „védekezés, az összeesküvés" fogalmát soha nem határozták meg. (XXII 464, 467 [527, 531]). A „védekező háború" kétségtelenül a középkori „bellum justum" fogalom liberális mázzal ellátott változata. (IX 236-691 [268-782]; XVII 516-550 [560-597]; XXI 302-317 [335-351]).

Rudolf Hess

Robert H. Jackson jelentése szerint (Bert bíró idézte „A Treatise on International Criminal Law," c könyvében, 590-608 o., szerkesztők M. Cherif Bassiouni és Ved. F. Nanda, Chas Thomas kiadó), a britek, franciák és szovjetek nyilvánvaló okokból nem akarták a németeket „támadó háborúval" vádolni, nyilvánvaló okokból. Ezt a vádat amerikaiak hozták föl egyetlen kifejezett és elismert okból, hogy igazolja az amerikaiak nemzetközi jog ellen elkövetett törvénysértéseit.

A nemzetközi jog megsértései az USA által: Az ú.n. Land lease program, aminek keretében hadbalépés előtt támogatta Németország ellenségeit; két évvel Pearl Harbour előtt szállított és javított brit hadihajókat; megengedte brit hajóknak, hogy amerikai zászló alatt működjenek, amikor az USA hivatalosan semleges volt; Az önkényes 300 mérföldes tengeri határ; Izland megszállása; Olasz és német tengeralattjárók mozgásának jelentése; Olasz és német tengeralattjárók bombázása és nekik menés 1941 elején, és más hasonló támadó akciók.

Hess 47 évig olyasmiért ült börtönben, ami nem sértett meg semmiféle törvényt (meg akarta állítani a háborút, életek millióit akarta megmenteni, Európa és a brit birodalom lerombolását akarta megelőzni), hanem olyan „bűntettekért", melyeket vádlói találtak föl, hogy saját bűneiket takargassák.

Nürnbergben nem állították, hogy Németország „agressziót" követett el Britannia vagy Franciaország ellen. A kérdés, hogy Britannia vagy Franciaország agressziót követett-e el Németország ellen, megválaszolatlan maradt. (IX 473 [525]; XVII 580 [629]). Hesst azzal vádolták, hogy Hitlerrel arra szövetkezett, hogy Nagybritanniát kivonják a háborúból, hogy Hitler megtámadhassa a Szovjetuniót. Ő azt válaszolta erre, hogy jóhiszeműen cselekedett, és semmit nem tudott arról, hogy Hitler meg akarja támadni a Szovjetuniót.

Hess védelmének összefoglalója a XIX 353-396 [390-437] iratokban található. Ebből a végső kijelentésből (XXII 368-373 [420-425]) úgy tűnik, hogy Hess egy ideig teljes apátiába süllyedt, majd pár pillanat múlva teljesen világos, egészséges és logikus gondolatokra volt képes. Lehet, hogy mindezt Nagybritanniában sajátította el.

Rudolf Höss

Rudolf Höss Auschwitz parancsnoka volt; az ő „vallomásai" „bizonyították" hogy Hitler hat millió zsidót gázosított el (vagy öt milliót, ezt a számot használták Nürnbergben). legismertebb „vallomását" William L. Shirer idézi „A harmadik birodalom fölemelkedése és bukása" c. könyvében, 968-969 oldal.

A 3868-PS iratot környezetében kell látni. Az egyoldalúan írt vallomás (azaz csak egy partner volt jelen annak írásakor) alapvető vádlóeszköz volt középkori boszorkánypereknél, majd eltűnt egy rövid időre, hogy újra megjelenjen a kommunista kirakatpereken és a háborús bűnös pereken.

Ezek az iratok a jogi eljárás sok bevett szabályát sértik meg, mint a szuggesztív kérdések kérdezése, előzőleg megkérdezett tények újrafölmelegítése, más szóval úgy hamisítani bizonyítékot, hogy különféle iratokban állításokat ismétlődően megemlítenek; manapság ilyesmi csak akkor megengedett, ha ezek későbbi állításoknak ellentmondanak; a vádlott jogát, hogy vádlójával szembeálljon és annak keresztkérdéses kihallgatáson kérdéseket tehessen föl; a válaszadás megtagadása, hogy a vádlott magát ne terhelje.

Háborús bűnös eljárásokban gyűjtött „bizonyítékok" nem alkalmazhatók katonai törvényszékeken. 1946-ban még az amerikai haditörvényszék szabályzatának 25. cikkelye megtiltotta háborús bűnök tárgyalási anyagának használatát haditörvényszékeken. A 38 cikkely a szövetségi szabályok használatát írta elő. Nürnbergben meg sem kísérelték azt állítani, hogy Höss írta az iratot. Ha ő írta volna, nem az állt volna benne: „Megértem az angol szöveget, ahogy az le van írva", hanem az, hogy „Én magam írtam ezt a szöveget".

Kisebb tárgyalásokon (Hadamar, Natzweiler, stb.) gyakori, hogy teljes vallomásokat a vallató ír angolul, és a végén a vádlott aláírja, németül állítva, hogy ezek az ő szavai, és hogy az angol szöveg az ő szavait tükrözi. A hadamari jegyzőkönyvben Sir David Maxwell-Fyfe könyvében a perekről ez a szöveg áll: „Igazolom, hogy a fentieket németül, anyanyelvemen felolvasták nekem" (angol nyelven).

Azt állították, hogy a rabot kérdések formájában hallgatták ki, ezután törölték a kérdéseket, és a válaszokat összeírták egy vallomás formájában, ezt egy másik személy csinálta, nem a kérdező. Belsenben például minden vallomást egy tiszt írt, Smallwood őrnagy. Ebben a perben a kombinált Auschwitz-Belsen perben a bíróság kinevezte brit és a szabad lengyel védelem lerombolta a vád állításait – többek között a gázosításra való kiválogatást – de ezt hatályon kívül helyezték azzal az indokkal, hogy a bíróság nem önkéntes kijelentéseket és feltételezéseket leírva vagy kimondva megengedettnek tart, „nem azért, hogy elítéljük az ártatlanokat, hanem hogy elítéljük a bűnösöket" (Jelentések háborús bűnösök pereiről, II. kötet, ezt a vékony kötetet teljesen el kell olvasni) Miután a vallomásokat író tiszt, aki csak vallomásokat írt kész volt, a vallomást megkapta a vádlott aláírásra, Ha nem írta alá, akkor is a bizonyítékok része lett a vallomás.

Kifogások legföljebb a dokumentum „súlyát" módosították, de nem annak „alkalmazhatóságát". A nem aláírt iratra példa Rudolf Höss esetében a NO-4498-B irat. A B azt jelenti, hogy az irat fordítása egy géppel írt iratnak, gépírásos aláírással. A NO-4498-A iratot lengyelül írták, ezt állítólag aláírta Höss. Létezik egy NO-4498-C irat is angolul. A C és A vallomásokat nem csatolták a B vallomáshoz. B vallomás, a „hiteles másolat", 3868-PS irat, ezt idézi Shirer háromszor, ez angolul van, a német „fordítást" viszont nem idézi. Az iratban egy kis változtatás van, melyet Höss írt bele, egy kis „h" betűvel kezdve, magát a mondatot a vallató írta a szövegbe kézírással. A kis „h" betű igazolja, hogy Höss írta és javította az iratot. Ennek a kézzel írott mondatnak a tartalmát később megcáfolja az irat. (XXI 529 [584]).

Mikor megmutatták a vallomást a vádlottnak, azt néha sok helyen kijavították, ami ugyanannak az iratnak több változatát eredményezte. Ilyen esetekben a hosszabbakat idézik, a rövidebbeket elvesztik. Erre példa a D-288 irat, Dr. Wilhelm Jäger vallomása, a Shirer könyv 948-949 oldalán idézik, lásd Albert Speert. Jäger igazolja, hogy ugyanannak az iratnak 3 vagy négy másolatát is aláírta, köztük egy igen rövidet. A rövidet először az idősebb Kruppnak mutatták be, mielőtt perét megszüntették. Ebben az iratban, a hosszabbikban, az angolra való fordítás dátuma megelőzi az eredeti dátumát. Jäger megjelenése a bíróság előtt katasztrófa volt, de később elfelejtették (XV 264-283 [291-312]). Amikor a tanú aláírásra megjelent, megint ellentmondott az iratnak de ellentmondását nem vették figyelembe.

Egy másik személy, akinek megjelenése a törvényszék előtt katasztrofális volt, Westhoff tábornok, aki az elé tett iratot 27-szer elutasította (XI 155-189 [176-212]); Egy biológiai hadviselés tanú, Schreiber (XXI 547-562 [603-620]); Paul Schmidt vallomása (Schmidt Hitler fordítója volt). A 3308-PS iratot akkor mutatták be neki, amikor beteg volt, és nem tudta figyelmesen átolvasni, (X 222 [252]), mégis azt használták föl Von Neurath ellen, noha Schmidt azt nem fogadta el (XVI 381 [420-421] XVII 40-41 [49-50]). Fritz Sauckel Nürnbergbe való érkezése előtt aláírt egy vallomást kényszer alatt (XV 64-68 [76-80]), azzal fenyegették, hogy feleségét és 10 gyerekét átadják a lengyeleknek vagy szovjeteknek.

Mivel a tanúvallomások adói soha nem maguk írták „vallomásaikat", jellemző, hogy azonos kifejezések vagy akár teljes bekezdések azonosak bennük, még akkor is, ha más időpontban állítólag nem azonos emberek írták azokat; például Blaskovitz és Halder (536-US és 537-US kiállítási darabok), USSR-471, USSR-472 és 473 iratok, USSR-264 és 272 iratok (emberi szappan iratok).

Más vallomások, melyeket Höss aláírt a NO-1210 irat, melyet

először angolul írtak, sok utólagos beszúrással, hozzáadással, javítással, a 4. és 5. oldal két első vázlatával, majd lefordították németre, és Höss aláírta. Azaz a „fordítás" az „eredeti", és az „eredeti" a „fordítás".

A 749(b)D iratot „szóban fordították le" Höss számára aláírás előtt. Az aláírás kis híján olvashatatlan, betegségre, fáradtságra vagy kínzásra utalva. Rupert Butler írta le a kínzásokat a halál légiója c. könyvében (Hamlyn kiadó). Sir David Maxwell-Fyfe 1946 április 1-én, április bolondja napján idézi a „vallomást", amely szerint Höss „bevallja", hogy 4 millió zsidót öltek meg (X 389 [439-440]), később, 1946 április 5-én már csak 2,5 millióról van szó, az április 1-i idézett vallomás vagy soha nem létezett, vagy „elveszett".

Nem igaz, hogy Höss megjelenése a bíróságon főleg vallomása elismerését célozta. Igaz az, hogy megjelenését John Amen ezredes vizsgálatra használta. Höss azért jelent meg a peren, hogy dolgokat igazoljon, mint általában nagyon ellentmondásos vallomásokban, (XI 396-422 [438-466]). Például, ahol a vallomás azt állítja, (XI 416 [460]) „tudtuk, hogy az emberek meghaltak, mert megszűnt a kiabálás", ami teljesen lehetetlen toxikológiai állítás, szóbeli vallomása szerint (XI 401 [443], melyek válasz voltak Kaltenbrunner „védőügyvédjének" nagyon nem odatartozó kérdéseire, az emberek elájultak. A kérdés, hogy honnan tudták meg, mikor haltak meg az emberek így nyitott maradt. Elfelejtette megemlíteni, hogy Zyklon B-vel két napig tart a féregirtás, noha ezt máshol megemlítette (NI-036 irat, a 25. kérdésre adott válasz, és az auschwitzi parancsnok c. könyvben, 155 oldal). Ilyen lassan ható méreg esetén az emberek megfulladnának, mielőtt a méreg hatna.

Höss azt állította, hogy a zsidók megölését szóban parancsolták meg (XI 398 [440]), de írásban parancsolták meg, hogy tartsák titokban a dolgot. (XI 400 [442]. Azt állította, hogy gödrökben égettek halottakat Auschwitzban, mely közismerten mocsaras terület (XI 420 [464]), hogy helyben olvasztották ki a fogakból az aranyat, (XI 417 [460]), de a koncentrációs táborok kiürítése, hogy ne fogják el a személyzetet, fölösleges halálesetekhez vezetett volna (XI 407 [449-450]), és majdnem nem is volt megölési program, Ezt érdemes idézni:

„A háború kitöréséig, 1939-ig, a helyzet a táborokban élelmezést, szállást és kezelést illetően ugyanolyan volt, mint bármelyik másik börtönben vagy büntetőtáborban a birodalomban. A foglyokkal szigorúan bántak, de verés vagy bántalmazás nem jött szóba. Az SS vezetése gyakran intett, hogy az embereket bántalmazó SS alkalmazottakat szigorúan megbüntetik, és ilyen büntetés gyakori volt. Az élelmezés és szállás minden szempontból azonos volt a többi börtönökével. Az elszállásolás rendben volt, mert nem történtek tömeges beutalások a háború elején. A háború idején politikai foglyok nagy csoportjai érkeztek, majd később az ellenállási mozgalmak tagjai érkeztek a megszállt területekről, és akkor már a meglévő épületek és a környező elszállásolási lehetőségek nem tudtak lépést tartani a beutaltak számával."

„A háború első éveiben meg tudtuk improvizált eszközökkel oldani a problémákat, de később, ahogy a háborús nyomás fokozódott, ez azért nem volt lehetséges, mert nem állt rendelkezésünkre elég építőanyag (megjegyzés: a testeket állítólag fával égették el)."

„Ez ahhoz vezetett, hogy a raboknak nem volt elég ellenállóerejük a fellépő járványok leküzdésére. Nem volt célunk, hogy sokan meghaljanak vagy hogy sok foglyot megüljünk. Az SS vezetése folyamatosan arra törekedett, hogy a fegyverkezési ipart a lehető legjobban ellássa munkaerővel."

„Az úgynevezett rossz bánásmód és kínzás a koncentrációs táborokban, melyről történetek keringtek az emberek közt, különösen a felszabadított táborokban, nem rendszeres dolog volt, hanem egyének, vezetők, al-vezetők, és erőszakos emberek műve alkalmanként."

„Ha ilyen eset tudomásomra jutott, az okozót, természetesen elmozdítottam helyéről és máshova helyeztem. Megbüntetni nem tudtuk, mert nem voltak bizonyítékok a tett igazolására, de minden esetre máshova helyeztük az illetőt."

„A rossz helyzet a háború végén azért állt elő, mert lebombázták a vasutakat és a gyárakat, nem lehetett a tömegeket rendesen ellátni, például Auschwitzban 140 ezer ember volt. A parancsnokok minden módon megkísérelték enyhíteni a helyzetet, de nem sok eredménnyel. Nagyon sokan betegedtek meg. Nem volt gyógyszer, és járványok ütötték fel a fejüket."

„A munkaképes foglyok folyamatosan dolgoztak, a félig betegek is, az iparban. Ennek eredményeképpen minden rendelkezésre álló hely tele volt beteg és halódó foglyokkal."

„A háború végén még 13 koncentrációs tábor működött. A térképen megjelölt helyeken munkatáborok voltak a fegyvergyárak dolgozói számára."

„Ha valaha rosszul bántak a foglyokkal – én magam nem voltam ilyesminek tanúja – ez csak nagyon csekély mértékben fordulhatott elő, mert minden táborvezető ügyelt rá, hogy csak nagyon kevés SS embernek volt kapcsolata a foglyokkal; az évek során a felügyelő személyzet állaga annyira leromlott, hogy nem tudtuk tartani az addigi szintet."

„Őrök ezrei alig tudtak németül, a világ minden országából, és önkéntesen vettek részt munkánkban. Volt, hogy idősebb embereink

29

voltak, akiket nem érdekelte munkájuk, így a tábor vezetőjének folyamatosan kellett arra ügyelnie, hogy legalább a legalacsonyabb szinten ellássák feladatukat. Nyilvánvaló hogy voltak köztük, akik nem bántak jól a foglyokkal, de ilyesmit nem tűrtünk."

„Továbbá lehetetlen lett volna úgy dolgozni, hogy az SS irányítja a tábort, így mindenütt maguk a foglyok végezték a munka kiadását és a szervezést. Így aztán előfordulhatott rossz bánásmód a foglyokkal szemben, mivel nem volt a táborban SS felügyelet. Az SS csak ritka esetekben léphetett be a táborba, és a rabok ki voltak szolgáltatva az őket felügyelő rabtársaiknak."

Az SS védőügyvédje, Dr Babel kérdez:

„Már említette a szabályokat az őrökre nézve, de mik voltak a szabályok a rabokra nézve Voltak büntetések a tábor szabályait megszegő rabok számára. Milyenek voltak ezek a büntetések?"

Válasz:

„Legelőször is áthelyezés a büntetőcsoportba, nehezebb munka, rosszabb szállás. Ezután sötétzárka, és nagyon súlyos helyzetben leszíjazás vagy leláncolás. A leszíjazást (kikötést) 1942-43-ban megtiltották. Nem tudom pontosan a dátumot. Volt még egy büntetés, hosszan állni a tábor bejáratánál, és végül botütések, mint büntetés."

„A veréses büntetést egy parancsnok sem határozhatta el maga, csak folyamodhatott érte."

Rudolf Höss szóbeli vallomása 1946 április 15-én (XI 403-411 [445-454]).

Höss motivációja az lehetett, hogy védje feleségét és 3 gyerekét, és hogy védjen másokat azzal hogy azt vallotta, hogy csak 60 ember tudott a tömeggyilkosságokról. Úgy tűnt, Höss védi Kaltenbrunnert azzal, hogy belekeveri Eichmannt és Pohlt, akiket még nem tartóztattak le. (Hasonló esetre lásd Heisig vallomását Raederrel kapcsolatban XIII 460-461 [509-510]). Höss „védelmi tanú" szerepét játszotta, és az ügyészségi kihallgatást maga az ügyészség szakította meg. (XI 418-419 [461-462]) Talán attól féltek, hogy beleköp a levesükbe.

Höss híres „Auschwitzi parancsnok" című „visszaemlékezése", mely valószínűleg kérdések és válaszok sorozataként állt elő, mint egy hatalmas „vallomás", aztán leírva, ami nem sokkal jobb az eredetinél. Ebben a könyvben, németül, mérföldekre láthatók a krematórium lángjai (159. o) és mérföldekre érződik a bűz (179 o.) Mindenki a környéken tudott a kivégzésekről (159. o.) az áldozatok tudták, hogy el fogják őket gázosítani (110, 111, 125 o.), de félre lehetett őket vezetni (123-124 o.; 3868-PS irat.), családja soha nem tudott semmiről (129-130). Hösst leitatták, aki akkor vallott ilyesmit, ha leitatták (95 o.) vagy

kínozták. (145 o.)
Nem igaz, hogy a 126 oldalon az áll, hogy a testeket szállító kápók ettek, dohányoztak és nem viseltek gázmaszkot. A szöveg ezt nem állítja. Dr Robert Faurisson olvasta ezt Hösstől, de nem a könyvben, hanem egy „kihallgatás" szövegében. A könyv lengyel fordítását előbb adták ki, mint a német szöveget, de abból hiányoznak helynevek és dátumok; mindez azt sugallja, hogy a lengyel szöveget írták meg először, majd a német fordítás után beleillesztették az hiányzó adatokat. Rudolf Höss munkája lengyelül könyvtáron n keresztül elérhető, a lengyel cím: Wspomnienia Rudolfa Hössa, Komendanta Obozu Oswiecimskiego.

Japán háborús bűnös perek

Míg a németeket emberi szappan készítésével vádolták (teljesen komolyan, Oppenheim és Lauterpacht elismert nemzetközi jogi könyvében, II, kötet, 450 oldal), japán vádlottakat emberi „leves" készítésével vádolták.

Ez nem sajtóhiba; „igazolt tényként" kezelték 1948-ban – sok „perben" igazolt „tényként" hogy a japán faj kannibál szokásokkal rendelkezik, és noha törvény tiltja, hogy saját halottaikat megegyék, hivatalosan bátorították őket, hogy amerikai halottakat egyenek. Az amerikaiakat sütve vagy levesként kínálták föl. Akkor is embert ettek, ha volt más élelem. Így a japán kannibalizmus inkább szokás, mint szükségből fakadó dolog.

Yamashita tábornok

A kedvelt részek a máj, a hasnyálmirigy és az epehólyag. A kínaiakat tabletta formában eszik. A következő pereken „igazolták" mindezt:
- USA Tachibana Yochio és 13 társa ellen, Mariana szigetek, 1946 2-15 augusztus;
- Ausztrália Tazaki Takehiko ellen, Wewak, 1945 november 30;
- Ausztrália Tomiyasu Tisato ellen, Rabaul, 1946 április 2;

- a nemzetközi távol keleti bíróság (IMTFE), melyet Douglas McArthur fölügyelt, 1946 májusától 1948 decemberig tartott (lásd The Tokyo Judgment, vol. 1, pp. 409-410, University of Amsterdam Press 1977, pp. 49.674-5) másolt iratok.

A 25 vádlott mindegyikét elítélték, hetet fölakasztottak. Állítólagos bűneik:
- „agresszív" háború tervezése és kivitelezése a Szovjetunió ellen (A Szovjetunió két nappal Hirosima után megtámadta japánt a meg nem támadási szerződést megsértve; ezen a napon írták alá a londoni egyezményt, mely után a nürnbergi terrorper vette kezdetét;
- „agresszív" háború tervezése és kivitelezése a Franciaország ellen (Európában);
- „törvénytelen" tengeri blokád és lakosság bombázása (Shimada elleni eljárás), azaz a britek európai akciói törvénytelenek lettek volna ha a japánok követik el azokat;
- Háborús bűnösök elleni per katonai törvényszék előtt (Hata és Tojo elleni eljárás); lásd USA Sawada ellen, a leggusztustalanabb és álszentebb vád; az áldozatok amerikai terroristák voltak, 7 személy, akik résztvettek Tokió tűzbombázásában, melynek során 80 ezer nő és gyerek égett el;
- Kannibalizmus. Nem állították, hogy a vádlottak személyesen ettek embert.

A bizonyítás részei:
- Szovjet háborús bűnök jelentése;
- Kínai háborús bűnök jelentése;
- Szovjet jelentések japán iratok alapján, melyeket nem csatoltak a jelentéshez;
- A Kína ellenes japán agresszió (kínaiak írták);
- 317 jelentés (14.618 oldal), melyek állítólagos japán iratokat idéznek, naplókat, kannibalizmust, tömeggyilkosságokat, hadifoglyok elgázosítását távoli déltengeri szigeteken, ezek helyességét nem volt szükséges bebizonyítani a bíróság előtt;
- Japán hadifoglyok tanúvallomásai Szibériában;
- Japánok vallomása, akik japánokat „ellenségnek" tartanak;
- A vörös hadsereg tisztjeinek vallomásai;
- Déltengeri írástudatlanok vallomásai;
- Újsághírek, pl. Chicago Daily Tribune jelentése kínai

eseményekről, New Orleans Times-Picayune, the Sacrimento Herald, Oakland Tribune, New York Herald, New York Times, Christian Science Monitor, stb.;
- Takugawa márki tanúvallomása (angolul írva, és nem olvasva neki föl japánul);
- Okawa állításao (Okawa őrültnek volt nyilvánítva, őrültek házában lakott, de állításait tényekként fogadták el;
- Tanaka vallomásai (hivatásos tanú, akit amerikaiak fizettek. Ha Okawa részeg volt, mindent elmondott Tanakának, Tanaka Ryukichi szörnyű atrocitások millióinak felelőse volt, de nem fogták perbe és szabadon mozgott Japánban;
- Kido naplója (csevegés mindenkiről, akit Kido nem kedvelt);
- Harada memoárjai (Harada gutaütést kapott, ezért szövege érthetetlen volt. Irományainak sok példányát javították különféle személyek, akik nem voltak azonosak azzal akinek diktált. Sokak szerint gyakran hazudozott).

A vád a tárgyalás végén elutasított minden védelmi bizonyítékot azt állítva, hogy saját iratai a legjobb igazolások (ezek kivonatok másolatai voltak mindenféle igazolás vagy aláírás nélkül). Ha mind a vád, mind a védelem idézett egy iratot, a védelem megjegyzései nem tartoztak a tárgyhoz a vádé viszont mindig. A mendemondáknak vizsgálati értékük volt, a védelem tanúi vallomásainak nem. A keresztvizsgálat időpocséklás.

A 11 bíróból öt – William Webb Ausztráliából, Delfin Jaranilla a Fülöp szigetekről, Bert. A. Röling Hollandiából, Henri Bernhard Franciaországból és R.B. Pal Indiából nem értett egyet a tárgyalás vitelével.

Pal híres 700 oldalas memorandumot írt, amelyben a vád atrocitási bizonyítékait többségükben értékteleneknek nevezte, és gúnyosan megjegyezte, reméli, hogy legalább egyetlen irat japán nyelven van.

A háborús bűnösségi perek különlegessége, hogy semmit sem bizonyított, és állítólagos bizonyítékai ellentmondtak egymásnak. A bíróság szerint Kínának joga volt szerinte nem fair szerződéseket megszegni, és a japán szándék Kína szerint nem fair szerződések kötésére „agressziót" jelent.

Amikor az atombombákat dobták le, Shigemitsu már 11 hónapja tárgyalt a megadásról, 1944 szeptember 14. óta. Ez természetesen megint csak „bűn" volt, „a háború meghosszabbítása tárgyalások útján".

A japáni kannibalizmus „bizonyítéka" a JAG 317 jelentésben

33

van a 12. oldalon, 467-8 irat. A tárgyak 1446 and 1447, pp. 12.576-7; 1873, pp. 14, 129-30, és 2056 valamint 2056A és B, pp. 15.032-42.

Alfred Jodl

Jodlt azért akasztották föl, mert része volt annak a parancsnak a kiadásában, amely szerint civil ruhában harcoló brit katonákat, akik hadifoglyaikat megfojtották, lelövette (XV 316-329 [347-362]).

Jodl azzal védekezett, hogy a nemzetközi jog feladata a katonaként harcoló emberek védelme. Katonák nyíltan viselik fegyverüket, fölismerhető egyenruhájuk van és foglyokkal humánusan bánnak.

Brit egységeknek tilos volt partizán hadviselést folytatni. Az ilyen személyek elítélése és kivégzése jogos, ha azt olyan módon teszik, ahogy azt az 1929-es genfi egyesség 63. cikkelye előírja.

(Lásd Rutlegde bíró más véleményen lévő véleményét az USA-Yamashita perben; Milch marsall habeas korpus (fogolykiengedési) akciója)

Ténylegesen szinte senkit sem lőttek le a rendelet következtében (55-öt nyugat-Európában Sir David Maxwell-Fyfe szerint, XXII 284 [325].

A cél az volt, hogy visszatartson embereket attól, hogy ilyen módon harcoljanak, azt remélve, hogy később egyszerűen megadják magukat. Egy másik „bűn" az volt, hogy értesítette a hadsereg főparancsnokát arról, hogy Hitler megismételt egy már kiadott parancsot, amely szerint egy Leningrádban kiadott megadási ajánlatot nem szabad elfogadni.

Mint sok más német bűn, ez is hatástalan maradt, mert nem volt feladási ajánlat. Az ötlet mögötte az volt, hogy a lakosság költözzön ki a hadi területről, mert lehetetlen volt emberek millióinak az ellátását biztosítani, és járványoktól tartottak. A német vonalakon szabad területek voltak, hogy ezt lehetségessé tegyék. Kiev, Odessza és

Harkov megadták magukat, de az ott maradt késleltetett gyújtású aknák miatt sok ezer német katona halt meg. A dokkokat hadi célokra vették igénybe. Az orosz vasutak nyomtáva különbözött a német nyomtávtól, és így a szállítás nehézkes volt a sok millió hadifogoly és zsidó számára. A szovjet hazugságpropagandát, hogy a németek orosz hadifoglyok millióit gyilkolták le, sokan elhitték, akik nem tudták a tényleges halálokokat.

A Leningrádról szóló C-123-as irat nincs aláírva.

A Jodl elleni vád jól illusztrálja az egész eljárás abszurdságát. Védőügyvédje, Dr. Exner szavaival:

„Gyilkosság és forradalom – békeidőben ez polgárháborút jelent. Háború idején a front összeomlását és a Birodalom végét. Azt kellett volna kiáltania: Fiat justitia, pereat patria? Győz az igazság míg a haza tönkremegy?"

„Úgy tűnik a vád szerint a vádlottaknak így kellett volna viselkedniük. Meglepő ötlet! Gyilkosságot és árulást igazolni, ezt hagyjuk a moralistákra és a teológusokra. Jogászok még csak nem is vitázhatnak ilyesmiről. Arra lenne valaki kötelezve büntetés mellett, hogy ölje meg az állam vezetőjét? Egy katona tegye ezt? Háború idején? Akik ilyesmit valaha is elkövettek, azokat megbüntették, de hogy valakit azért akarnak megbüntetni, mert ezt nem tette, ez teljesen új." (XIX 45 [54]; XXII 86-90 [100-105]).

Tokióban azért akasztották föl a tábornokokat, mert belefolytak a politikába.

Máshol Dr. Exner felkiáltott: „Az angol-amerikai vádirat egyetlen oldalán hatszor áll a 'Jodl jelen volt' kifejezés. Mit jelent ez a jogot illetően?" (XIX 37 [44]).

Jodlt megkérdezte a szovjet ügyész, Pokrovsky őrnagy: „Tudja ön, hogy a német csapatok a négyfelé vágtak, fejjel lefelé fölakasztották és tűzön sütötték a szovjet foglyokat? Tudja ezt?"

Jodl azt felelte: „Nemcsak, hogy nem tudom, de nem is hiszem el ezt." (XV 545 [595]).

Ezek a „háborús bűnök" három kötetben vannak: (XV 284-561 [313-612]; XVIII 506-510 [554-558]; XIX 1-46 [7-55]).

Ernst Kaltenbrunner

Kaltenbrunner keresztbe kikérdezése során megkérdezték tőle arrogánsan, hogy hogy van ahhoz idege, hogy úgy tegyen, mintha csak ő mondana igazat, és ezzel egyidőben 20 vagy 30 tanú hazudik. (XI 349 [385]).

A „szemtanúk" természetesem nem jelentek meg a bíróság előtt; csak nevek voltak egy darab papíron. A nevek egyike Franz Ziereis volt a Mauthauseni koncentrációs tábor parancsnoka. Ziereis „bevallotta", hogy

- 65 ezer embert elgázosított;
- Lámpaernyőt készítettek emberi bőrből;
- Hamispénzt nyomtak;
- Egy komplikált statisztikai táblázatban adta meg 30 különféle tábor lakóinak pontos számát.

Majd azzal vádolta Kaltenbrunnert, hogy az elrendelte a mauthauseni tábor összes lakójának a legyilkolását, ha az amerikaiak jönnek.

Ziereis 10 és fél hónapja halott volt, mikor ezt a vallomást tette. Szerencsére valaki más „emlékezett" a „vallomásra, a tábor egy lakója, Hans Marsalek, aki soha nem jelent meg a tárgyaláson, de neve rajta van az iraton (3870-PS, XXXIII 279-286 irat).

Ennek az iratnak az 1-6 oldalán felkiáltójelek vannak (!), egy statisztikai táblázat, amely szerint 12.000 fogoly volt Ebenseen; 12.000 Mauthausenben; 24.000 Gusen I és II-ben; 20 Schloss-Lindt-ben, 70 Klagenfurt-Junkerschule-n, stb, mind a 31 táborra, melyek a táblázatban szerepelnek.

Az iratot senki más nem írta alá, aki jelen volt Ziereis „vallomásánál", és az irat semmiféle más jellel nincs ellátva. Két aláírás van rajta: Hans Marsalek, a táborlakó és Smith W. Brookhart Jr. az USA hadseregéből.

Az irat dátuma 1946 április 8. Ziereis 1945 március 23-án halt meg.

Azt állították, hogy Ziereis túlságosan komolyan meg volt sebesülve ahhoz, hogy valamit is aláírjon (több gyomorlövése volt), de ahhoz elég egészséges volt, hogy ezt a hosszú komplikált, adatokkal ellátott iratot lediktálja, melyre pontosan emlékezett Marsalek 10 és fél hónapon keresztül. Marsaleknek természetesen semmi oka nem volt hazudni.

Az irat németül van. Brookhart fölesküdött vallomásíró volt, ő írta Rudolf Höss „vallomásait" is (3868-PS, angolul) és Otto Ohlendorféit is (2620-PS, németül).

Brookhart egy Washingtoni szenátor fia, címe 1992-ben: 8 Hillside Drive, Denver Colorado, USA. Brookhart soha nem válaszolta meg e tanulmány írójának kérdéseit iratairól.

Ziereis „vallomásait" mindmáig komolyan veszik, pl. Reitlinger, Shirer, Hilberg, és a holo-sokk más vándorló házalói.

Kaltenbrunner azt állította, hogy 13 fő koncentrációs tábor volt „Stammlager" a háború alatt (XI 268-269 [298-299]). A vád által állított 300 tábor úgy adódott, hogy egyszerű munkatáborokat is hozzájuk számoltak.

A 13. tábor Matzgau, Danzig mellett különleges tábor volt, ebben SS őrök és rendőrök voltak elhelyezve, akiket azért ültettek le, mert valamilyen módon károsították a koncentrációs táborok lakóit: verés, sikkasztás, személyes tulajdon ellopása és hasonlók.

Ez a tábor és lakói, az SS alkalmazottai a szovjetek kezére kerültek a háború végén (XI 312, 316 [345, 350]).

Kaltenbrunner szerint az SS belső büntetései szigorúbbak voltak, mint a törvényszékek büntetései hasonló esetekben.

Az SS-en belül gyakran voltak perek táborlakók elleni bűntettek vagy fegyelemsértés miatt (XXI 264-291, 369-370 [294-323, 408-409]).

Harmadfokú kihallgatási módszereket kizárólag arra engedtek alkalmazni, hogy információkat szerezzenek ellenállási tevékenységről. Vallomások tételére ez nem volt engedélyezett. Az ilyen kihallgatásokon orvos is jelen kellett hogy legyen, és egyszer lehetett 20 botütést mérni a meztelen fenékre, ezt nem ismételhették meg. A kínzások további formája a sötétzárka volt, vagy állni kellett ez egész hosszú kihallgatás alatt. (XX 164, 180-181 [184, 202-203]; XXI 502-510; 528-530 [556-565, 583-584]).

Kaltenbrunner és sok más vádlott állította, hogy a világ minden rendőrségénél hasonló módszereket alkalmaznak (XI 312 [346]), és hogy sok rendőrtisztviselő jött Németországban a német módszerek tanulmányozására. (XXI 373 [412]).

Ebben és rokon témákban sok ezer oldalnyi védelmi anyag halmozódott föl, 136 ezer „vallomás" (XXI 346-373 [382-412]; 415 [458], 444 [492]).

Kaltenbrunnert azzal vádolták, hogy együttműködött a tettesekkel olyan esetekben, mikor szövetséges pilótákat meglincseltek bosszúból a civil lakosság gyilkolásáért. A lincselés nem volt törvényes, de ilyesmi nem történt. Sok pilótát német karhatalmisták mentettek meg a tömeg dühétől. A német karhatalmisták nem működtek együtt ilyen cselekedetekkel, mert attól féltek, hogy ez pilóták általános megöléséhez vezetne. Mint sok más német „bűn", ez is hatástalan eljárás volt (XXI 406-407 [449-450], 472-476 [522-527]).

Kaltenbrunnert azzal is vádolták, hogy része volt a „golyó rendeletben". Erről azt állították, hogy e szerint hadifoglyokat egy készülékkel lőttek volna agyon, (valószínűleg Paul Waldmann pedállal hajtott agyverő-gépe lett volna szerintük a modell, (USSR-52, VII 377 [416-417]) irat.

A „golyó rendelet", 1650-PS irat, eredeti irat, (XVIII 35-36 [43-44]) melyet valószínűleg hibásan fordítottak le. A rendelet értelme az, hogy ha egy hadifogoly szökni próbál, akkor vasgolyóval (Kugel) kell ellátni, de nem lelőni (Kugel). A „leláncolni" szó szerepel az iratban, de a „lövés" szó nem (III 506 [565]; XXI 514 [568]); Gestapo vallomás 75; XXI 299 [332]). Az irat másolt, aláírás nélkül. (XXVII 424-428).

„Sonderbehandlung" (különleges kezelés) a furcsa bürokrata zsargon egy példája, és talán legjobb fordítása az, hogy „esetenként az esetnek megfelelő kezelés".

Kaltenbrunner megmutatta, mit jelent a szó egy irat kapcsán abban az esetben a jogot, hogy valaki francia pezsgőt igyon és francia leckéket vegyen. A vád összekevert egy téli üdülőhelyet egy koncentrációs táborral (XI 338-339 [374-375]); (XI 232-386 [259-427]; XVIII 40-68 [49-80]). (A téli üdülőhely irat száma: 3839-PS, XXXIII 197-199, egy „vallomás".)

Wilhelm Keitel

Keitelt az állítólagosan a Szovjetunióban elkövetett atrocitások miatti felelőssége miatt akasztották föl, és a komisszár és az éjjel és köd rendeletek miatt.

A Keitel elleni vádak „bizonyítékai" a szovjet háborús bűn bizottság „jelentései" (XVII 611-612 [663-664], XXII 76-83 [90-98]). Ezek összefoglalók, melyek ítéleteket, következtetéseket és általánosításokat tartalmaznak anélkül, hogy ezek tényekre vagy iratokra támaszkodnának. Ezekben a jelentésekben a hadviselőket helytelenül nevezik meg, vagy összezavarják őket. A Keitelt vádló

szovjet iratok: USSR-4; 9; 10; 35; 38; 40; 90; 364; 366; 407; és 470.
- USSR-4 „jelentés", mely azt a vádat tartalmazza, hogy szándékosan terjesztettek tífuszt a szovjet lakosság kiirtására. Ezt a bűnt a „Hitler kormány és a hadsereg vezetősége" követte el, Lásd még: „US bűnök Koreában", Peking 1952 (Amerikai baktériumhadviselés).
- USSR-9, 35, és 38 szintén a szovjet háborús bűn bizottság „jelentései".
- USSR-90 a szovjet katonai bíróság ítélete, és azt állítja, hogy „német fasiszta behatolók bestiális bűnöket követtek el" és hogy ezeket a bűnöket a „német haderő vezetése" követte el.

Eredeti iratok nincsenek csatolva, parancsokat nem említenek, Keitel nevét nem említik. A többi irat „igazoltan jó másolatok" (XVIII 9-12 [16-19]) iratokról, amelyek valószínűleg a szovjetek tulajdonai.

Az „éjjel és köd rendelet" (XVIII 19-22 [27-30]) célja az ellenállók lelövése helyetti akció bevezetése. A vád elfogadta, hogy ilyen embereket jogosan le lehet lőni (V 405 [456]), de a németek nem tartották kívánatosnak, hogy mindenkit halálra ítéljenek. A börtönbüntetéseknek csekély elriasztó hatásuk volt, mert mindenki feltételezte, hogy a háború rövid időn belül befejeződik. (XXI 524 [578-579]).

A komisszár rendeletnek kis gyakorlati hatása volt, ha egyáltalán, részben a nehézség miatt, hogy meghatározzák, ki komisszár (XXI 404-405 [446-447]); XXII 77 [91]). Keitelt azzal vádolják, hogy bizonyos információkat visszatartott Hitlertől, azaz pajzsként működött. Ez az abszurd és szélsőséges vád a XVII. kötet 645-661 [710-717] oldalain meg van cáfolva.

A 81-PS iratot is használták Keitel ellen, Jackson idézte bevezető beszédében, és az USSR-470-es iratot, egy „igazolt másolatot", ami azt jelenti, hogy az iratot újra írták, és így másolták le, egy eredeti iratról, amely teljesen szerb-horvát nyelven van írva, és feltehetőleg valahol Jugoszláviában volt, Keitel írógéppel írt

aláírásával. Nem föltételezték, hogy Keitel tudott szerb-horvátul, ez csupán egy németül írt irat „fordítása" volt, amelyet a jugoszlávok nem találtak. (XV 530-536 [578-585]).
Keitel esetének számai: X 468-658 [527-724]; XI 1-28 [7-37]; XVII 603-661 [654-717]; XVIII 1-40 [7-48].

Konstantin von Neurath

Von Neurath egy jelentős hamisítás áldozata, 3859-PS irat. A csehek újra gépeltek egy eredeti iratot, jelentősen megváltoztatták, hozzáadtak dolgokat, és a bíróságnak másolatuk fotokópiáját mutatták be, géppel írt aláírásokkal. Az eredeti irat Csehszlovákiában volt.

Ebben az iratban majdnem minden hibás. A német bürokrácia igen komplikált volt, és sok vádiraton rossz címek, helytelen utalások, rossz eljárási jelek vannak, ami nem rögtön látható. Erről az iratról von Neurath azt mondta: „Sajnálom, de azt kell mondanom, ön hazudik." (XVII 67 [79]; 373-377 [409-413]).

Von Neurathot azzal vádolták, hogy bezáratott cseh egyetemeket (ami nem bűn a nemzetközi jog szerint, ha ezt a megszálló ország teszi), és hogy lelövetett 9 cseh diákvezetőt egy tiltakozó gyűlés után. Ezeket a bűnöket különféle iratok „igazolták":

- USSR-489, igazoltan jó másolat, a csehek igazolták;
- USSR-60, a háborús bűn bizottság „jelentése", idézi Karl Hermann Frank állításait, melyeket nem csatol a jelentéshez;
- USSR-494, egy „vallomás", melyet Karl Hermann Frank kivégzése előtt 33 nappal írt alá. az állítások, melyeket a háborús bűn bizottság szerint Frank mondott el, természetesen nincsenek aláírva, dátumuk nincs megadva, és az eredeti iratok Csehszlovákiában voltak (XVII 85-90 [98-104]).

Sok bizonyíték, amelyet von Neurath, Schacht, von Papen, Raeder és mások ellen főztek ki, egy Mexikóban élő idősebb amerikai diplomata művei (1760-PS; 2385-PS; 2386-PS; EC-451). Ez a diplomata, Messersmith, állítólag túl öreg volt ahhoz, hogy megjelenjen a bíróság előtt (II 350 [387]); de állítólag nem volt szenilis (II 352 [389]). A „bizonyítékok" Messersmith személyes véleményét tartalmazzák más személyek motivációjáról és jelleméről. Von Neurath esetének számai: XVI 593-673 [649-737]; XVII 2-107 [9-121]; XIX 216-311 [242-345]).

Franz von Papen

Von Papent azzal vádolták, hogy szövetkezett Hitlerrel és együtt rábírták Hindenburgot, hogy Hitler kancellári kinevezését aláírja. Ezek szerint von Papen becsapta Hindenburgot, aki azt hitte, hogy ha nem nevezi ki Hitlert polgárháború tör ki.

Az akkori birodalmi kancellár, General Von Schleicher, megkísérelt egy ideig alkotmányellenesen kormányozni egy ideig, a nemzeti szocialisták támogatása nélkül, akiknek a Reichstag történetében legnagyobb többségük volt. Hitler törvénysértő cselekedeteinek többsége Von Schleicher kormányzási idejére esik (XXII 102-103 [118-119]). Hitler kinevezése volt az egyetlen alternatíva a 41 politikai párt kaotikus uralmával szemben, melyek mindegyike saját gazdasági érdekeit képviselte.

A „demokratikus" győzők azt követelték Papentól, hogy miért nem látta előre 1933-ban hogy Hitler „támadó háborút" fog indítani, és miért nem szövetkezett Von Schleicherrel és hozott létre vele katonai diktatúrát.

Von Schleichert a Röhm-puccs után lelőtték. Ezeket az ítéleteket Hindenburg legálisnak tekintette, és táviratban gratulált Hitlernek a rend helyreállításához (XX 291 [319]; XXI 350 [386]; 577-578 [636-637]; XXII 117 [134-135]).

Von Papen szintén jogosnak tartotta Röhm és követőinek lelövésekkel való elrámolását (XVI 364 [401]), de véleménye szerint túl sok gyilkosság történt, melyeket a helyzet nem igazolt. Kérte Hitlert, hogy indítson vizsgálatot és büntesse meg a felelősöket, de ez nem történt meg.

A vád elismerte, hogy a Nemzeti Szocialista párt nürnbergi programja semmi illegálist nem tartalmazott, és inkább dicséretes volt (II 105 [123]). A nemzeti szocialisták legális párt voltak a Rajna vidéki megszállók szemében már 1925-ben (XXI 455 [505]) és a legfelsőbb német bíróság határozata alapján 1932-től (XXI 568 [626]), a nemzetek szövetsége és a danzigi lengyel irányítás szerint 1930-tól (XVIII 169 [187-188]).

1933-ban nem volt világos, hogy a hadsereg támogatná-e von Schleichert a nemzeti szocialisták ellen, akiknek joguk volt kormányozni.

Hindenburg elutasította hogy megsértse az alkotmányt és polgárháborút kockáztasson, és teljesen legális úton adta Hitlernek a kancellári címet (lásd még XXII 111-112 [128-129]).

Von Papent „erkölcstelen tettekkel" vádolták „egy közös cél megsegítésére". Azzal is vádolták, hogy miért tegeződött az osztrák külügyminiszterrel, Guido Schmidttel. Von Papen erre megjegyezte: „Sir David, ha valaha volt Ausztriában, észrevehette, hogy ott majdnem mindenki tegeződik mindenki mással." (XVI 394 [435]).

Amelyik tettét nem tudták „bűnnek" nevezni, azzal „aljasságát" akarták bizonygatni. Von Papen tetteit utólagos bölcsességgel értékelték félre.

Néha azt állítják, hogy mivel von Papent, Fritzschet és Schachtot fölmentették, a Nürnbergi per „fair per" volt. A tokiói perekre ez nem áll, ott mindenkit elítéltek. Akik ilyesmit mondanak, elfelejtik, hogy a XVII. századi boszorkányperek 5-10 %-a szintén fölmentéssel végződött.

Von Papen esetének ügyszámai: XVI 236-422 [261-466]; XIX 124-177 [139-199].

Erich Raeder

Raedert azzal vádolták, hogy „összeesküdött" a japánokkal az USA megtámadására. Más állítólagos bűnei beszédek meghallgatása, konferenciákon való jelenlét, kiadási tervek ismerete, születésnapi ajándékok elfogadása.
Raeder bebizonyította, hogy az amerikaiak 10 nappal előre tudták, hogy Japán meg fogja támadni Pearl Harbourt, míg a németek erről nem tudtak. (XIV 122 [137-138]).
Raeder vitáját a német hadi készülődésről és Hitler beszédét von Ribbentropnál tárgyaljuk. (XIII 595-599 [656-660]; 617-631 [680-696]; XIV 1-246 [7-275]; XVIII 372-430 [406-470]).

Joachim von Ribbentrop

Von Ribbentropot a Molotov-Ribbentrop szerződés aláírása miatt akasztották föl, amely megelőzte és lehetővé tette Lengyelország megtámadását. Ribbentrop azzal védte meg akcióit, hogy egy millió németet üldöztek el lengyel területről az utóbbi 20 évben, számos atrocitással párosulva, és hogy az emiatti panaszokat a hágai nemzetközi bíróság és a népszövetség hosszan nem vette figyelembe. Az elűzöttek és megkínzottak németek voltak, akik hazáját a versaillesi szerződés Lengyelországhoz csatolta.
1938 október 23-án Ribbentrop ajánlatot tett a lengyeleknek, amelyet Sir Neville Henderson elfogadhatónak tartott, és „népszövetségi javaslatnak" nevezte. Ribbentrop népszavazást kért a lengyelországi folyosó ügyében; Danzig (egy 100%-osan német város) visszatérését Németországhoz, és egy területen kívüli kétsínű vasúti és úti folyosót, hogy összekösse Németországot Kelet-Poroszországgal,

melyet levágtak Németországtól, és csak tengeri úton volt elérhető, minden józan észnek ellentmondó módon, azaz a szerződés szárazföldi utat kért Kelet-Poroszországhoz. (X 260-269 [295-304]; 280-281 [317-318]; 367-369 [416-417]).

Ellenszolgáltatásképpen a lengyelek különféle előnyös gazdasági szerződéseket kaptak volna: a kikötő használatát és külön helyet lengyel áruknak, melyek Danzigba érkeznek. A folyosó jövője az önmeghatározás elve alapján biztosítódna, a lengyeleknek meglett volna a tengeri kijárásuk, és a lengyel-német barátsági szerződést, melyet Hitler 1934-ben kötött a német ellenállás dacára, meghosszabbítanák. (XIX 362-368 [399-406].)

A vád verziója ezekről az eseményekről: III 209-229 [237-260). Eszerint ez volt a „náci" terv a világ meghódítására, beleértve Pearl Harbort, Hirosimát és Jaltát.

Válaszként a lengyelek ragaszkodtak ahhoz, hogy Danzig bármiféle állapotváltoztatása háborút jelentene Lengyelországgal. Általános mozgósítást rendeltek el. Folytatták a kiutasításokat, a lengyel határ környékén tovább teltek a menekülttáborok németekkel.

A lengyel nagykövet Lipski 1939 augusztus 31-én azt mondta, hogy jól ismerte a német viszonyokat, mert sok évig szolgált ott. Nem érdekelte semmiféle német irat vagy javaslat. Szerinte háború esetén forradalom törne ki Németországban, és a lengyel hadsereg diadalmasan vonulna be Berlinbe. (XVII 520-521 [565-566]; 564-566 [611-614]; XX 607 [661]).

Ribbentrop szerint a lengyelek viselkedése elkerülhetetlenné tette a háborút; a folyosó és a kiutasítások problémáját meg kell oldani; Mind Hitler, mind Sztálin területeket vesztett az I. vh után Lengyelország javára, és a békeszerződések katasztrofálisak voltak (X 224-444 [254-500]; XVII 555-603 [602-655]).

A németek számára Nürnbergben egy magyarázat maradt: a lengyelek és a britek kapcsolatban voltak az úgynevezett német ellenzékkel, mely lényegesen túlbecsülte saját jelentőségét (XVII 645-661 [699-717]; XIII 111-112 [125-126]).

Hitler megbízottja tanúként jelent meg, és igazolta, hogy a németek nem hitték, hogy a britek háborút indítanak valami miatt, amit nagykövetük józannak vélt. A megbízott, Paul Schmidt szerint egy percnyi csönd volt, mikor a brit hadüzenet megérkezett, Hitler Ribbentrophoz fordult, és megkérdezte: „Mit tegyünk ezután?" (X 200 [227]).

Schmidt vallomása megvilágítja Ribbentrop egy fontos megjegyzését arról, hogy a zsidókat meg kell-e ölni, vagy koncentrációs táborba zárni. Schmidt szerint (X 203-204 [231]) Hitler nyomást fejtett ki Horthyra, hogy léptessen komolyabb lépéseket életbe zsidók ellen. Horthy ezt mondta: „Mit tegyek? Nem tudom megölni őket." Ribbentrop nagyon ingerlékeny volt, és ezt mondta: „Két lehetőség van: vagy megteszi azt, vagy internálja őket." Ez a megbeszélés jegyzőkönyvében így szerepel: „A birodalom külügyminisztere azt mondta, hogy a zsidókat vagy meg kell ölni, vagy koncentrációs táborba zárni." Ezt használták Ribbentrop és a többi vádlott ellen a tárgyaláson, noha Schmidt vallomás a szerint a jegyzőkönyv szövege nem volt pontos. (X 410-411 [462-463]).

Ribbentrop, Raeder, Göring, és majdnem minden vádlott szerint Schachtot kivéve, a németek nem voltak készek a háborúra és nem terveztek támadást. (XVII 522 [566-567]), XXII 62, 90 [76, 105]).

Belgium, Hollandia és Franciaország megszállása nem volt „agresszió", mert Franciaország hadat üzent Németországnak. Belgium és Hollandia megengedték, hogy brit gépek átrepüljenek fölöttük a Ruhr-vidék bombázására. A németek 127-szer írásban tiltakoztak ez ellen (XVII 581 [630], XIX 10 [16]).

Göring, Raeder, Milch és sok más igazolta, hogy Németországnak csak 26 tengeri tengeralattjárója volt nagyon kevés torpedóval, szemben a 315 tengeralattjáróval 1919-ben, 1919 (XIV 26 [34]), bombázóinak száma „nevetséges" volt. (XIX 4-5 [11-12]).

Hitler azt mondta Milch feldmarsallnak 1939 májusában, hogy nem kell nagyarányú bombagyártás, mert nem lesz háború. Milch azt mondta, hogy nagyarányú bombagyártást több hónapig kellene előkészíteni. A bombagyártási parancsot 1939 október 12-én vagy 20-án adták ki. (IX 50 [60-61]; XVII 522 [566-567]).

A német légierő védekező jellegű volt, csak pontszerű bombázásra felkészítve. A németek 1938-ig a britekkel és szovjetekkel működtek együtt a hadsereg felszerelése terén (IX 45-133 [54-153]; XIV 298-351 [332-389]).

A németek soha sehol nem építettek közelítőleg sem elég hajót, különösen nem tengeralattjárót (XIV 24 [31]), melyet az 1935-ös szerződés az angolokkal lehetővé tett volna. (XVIII 379-389 [412-

425]). Ez a szerződés annak elismerését jelentette, hogy a versaillesi szerződés hatályát vesztette. Ebben Hitler önkéntesen korlátozta a német hadiflottát. (XIX 224-232 [250-259]).

Mikor a háború kitört, sok német hadihajó még építés alatt állt, és ki kellett dobni őket, mert építésük még évekig tartott volna (XIII 249-250 [279-280]; 620-624 [683-687]). Egy tanúvallomás szerint, melyet a kapitány írt alá, az egyik legnagyobb német hadihajó, a Gneisenau gyakorló úton volt felfegyverzetlenül a Kanári-szigetek környékén, amikor a háború kitört (XXI 385 [425]).

Hitler szeretett blöffölni és politikusokra ráijeszteni nagyjából logikátlan beszédekkel (XIV 34-48 [43-59]; 329-330 [366]), melyek egymásnak ellentmondtak. Ezért 1941-ig nem jegyezték őket föl gyorsírással (XIV 314-315 [349-350]).

Sok „Hitler-beszéd" félig-meddig hamisítva van, vagy eleve csalás XVII 406-408 [445-447], XVIII 390-402 [426-439]; XXII 65 [78-79]).

A németek szerint a versaillesi szerződés nem kötötte őket többet, mert az V. rész elejét megsértettek a britek, és különösen a franciák. A német lefegyverzést általános lefegyerzésnek kellett volna követnie (IX 4-7 [12-14]; XIX 242 [269], 356 [392]).

Hitler lefegyverzést ajánlott az utolsó fegyverig, feltéve, hogy ezt minden nemzet megteszi; de Németország nem maradhatott fegyvertelen, hogy bármelyik pillanatban lerohanják. A Rajna-vidék birtokba vétele természetes határt biztosított a Ruhr vidéket védve, ezt bármely más állam ugyanígy megtette volna. Kelet-Európa fortyogott erősen felfegyverzett államok között. Kelet-Poroszország nem volt védhető; a lengyelek nyíltan követelték Felső-Szilézia részeit. (XII 476-479 [520-524]; XIX 224-232 [249-259], XX 570-571 [623-624]).

Az 1934-es francia-szovjet szerződés megsértette a locarnói egyezményt, aminek megsértésével a németeket vádolták. (XIX 254, 269, 277 [283, 299, 308]). Nem volt világos, hogy a maradék Csehszlovákia megszállása megsérti-e a müncheni egyezményt (X 259 [293-294]). Ez azért történt, mert a szovjetek repülőtereket építettek a maradék Csehszlovákiában a csehekkel együttműködve. A csehek a maradék Csehszlovákiát olyan repülési területté akarták kiépíteni, ahonnan Németország támadható. (X 348 [394-395]; 427-430 [480-484]).

Roosevelt kinyilatkozta, hogy Amerika a nyugati félteke iránt érdeklődik, míg Britannia fél világot kívánta uralni. Így a német érdeklődés is kiterjedhetett Csehszlovákiára. Prágából Berlinbe az út fél óra. A cseh akciók nyilvánvalóan sértették a német biztonságot.

Egy szerződés sem tart örökké. Általában a következő

szerződések átveszik helyüket. Ezt általában maga a szerződés szövege is írja „rebus sic stantibus" szavakkal. 1935-re Versailles és Locarno érvényét vesztette.

Alfred Rosenberg és Ernst Sauckel

Frankhoz hasonlóan Rosenberget is megvádolták minden fajta műalkotás elrablásával. Rosenberg és Frank is utalt rá, hogy Németország kötelessége volt a műalkotások megóvás a a Hágai szerződés szellemében, és a megóváshoz el kellett őket szállítani a csatatérről. A műalkotásokat gondosan becsomagolták, felbecsülték és megjavították. Ha az lett volna a németek szándéka, hogy elrabolják őket, nem kellett volna katalogizálni őket a tulajdonos pontos nevével és címével, ha az ismert volt.

Néhány művet Göring kapott, nem a saját céljaira, hanem egy múzeum számára melyet Hitler Linzben akart nyitni.

Alfred Rosenberg

Rosenberg tiltakozott ez ellen a szándék ellen, mert kötelessége volt együtt tartani a műalkotásokat a háború végéig abban a reményben, hogy a békeszerződés vonatkozik ezekre a művekre is.

Rosenberget azzal is vádolták, hogy sok ezer vasúti kocsinyi bútort rabolt el. A bútorok zsidók tulajdona voltak, akik elhagyták Párizst, mikor oda németek vonultak be. 90 napra lepecsételték a zsidók otthonait, aztán kisajátították a berendezést, mert biztonságukat nem lehetett garantálni. Végül németek kapták meg őket, akiket kibombáztak otthonukból. Remélték, hogy a háború végén ezügyben is megegyeznek.

Rosenberg minisztériumához sok panasz érkezett, melyeket kivizsgáltak, sokuk alaptalan volt. Nürnbergben egyszerűen föltették, hogy minden panasz „jogos" volt. Rosenberghez írott leveleket használtak fül bizonyítékként ellene, noha válaszai a levelekre elvesztek. A panaszok és levelek bizonyították a „bíróság" szerint

„készséges tagságát a közös tervben."

Rosenberget azzal vádolták Sauckellel együtt, hogy „rabszolgákat" szereztek be a háború céljaira a megszállt területeken. Rosenberg, Sauckel, Speer, Göring és Seyss-Inquart is tiltakozott, mondván, hogy a szövetségesek blokádja nélkül nem lett volna szükség ilyen „fosztogatásra és rabszolgaságra"; a tengeri blokád illegális volt, és tömeges munkanélküliséget okozott a megszállt területeken. A Hágai szerződés megengedi, hogy a megszálló kormány pénzt kérjen szolgáltatásaiért. A „rabszolgáknak" ugyanolyan bért fizettek, mint a német munkásoknak, akik szintén kötelezve voltak munkára. Funk szerint a „rabszolgák" 2 millió birodalmi márkát utaltak át családjuk részére (XIII 136 [153]). Seyss-Inquart elmondta, hogy Hollandiában fél millió ember lett munkanélküli a blokád miatt, és ha nem foglalkoztatták volna őket, az illegális ellenállási mozgalomhoz szegődtek volna. Örültek, hogy német erősítéseken dolgozhatnak Hollandiában, mert ez valószínűtlenné tette, hogy a szövetséges invázió Hollandiában lesz. (A szövetséges invázió valószínűsége volt az oka a holland zsidók deportálásának) (XV 662-668 [719-726]; XIX 99-102 [113-115]).

Fritzsche és mások is azt vallották, hogy a „rabszolgák" szabadon mozoghattak minden német városban (XVII 163-164 [183-184]), volt pénzük, és ők irányították a feketepiacot. (XIV 590 [649]) Továbbá, a „rabszolgák" százezrei a háború után nem voltak hajlandóak hazautazni, noha országukat „felszabadították" és Németország le volt rombolva (XVIII 155 [172-173]).

A „rabszolgák" a háború végén sem lázadoztak (XVIII 129-163 [144-181]; 466-506 [509-554]; XIX 177-216 [199-242]; XXI 471-472 [521-522]).

Sauckel igazolta, hogy a „rabszolgamunkás" toborzást a francia kormány végezte francia szervezet segítségével. Sok ember azt akarta, hogy „kényszerítsék", hogy nem érje az ellenállás bosszúja (XV 1-263 [7-290]), mindannyian ugyanolyan bért kaptak mint a német munkások, ugyanolyan egészségügyi ellátást és munkaszerződést.

A megszállt területeken nem folyt rablás, hanem sok értékes gépet vittek oda. A Szovjetunióban a visszavonuló hadsereg minden lerombolt. ha a németek gépeket hoztak, majd elvonuláskor elvitték azokat, ellenségeik ezt „rablásnak" nevezték. (IX 171-172 [195-196]).

Egy panasz, amiből „bűnt" fabrikáltak egy eset volt, amikor állítólag színházi közönséget kényszerítettek „rabszolgamunkára". Sauckel kivizsgálta az esetet, és kitalálta, hogy ebben az esetben egy munkaközvetítő saját munkásainak összejövetelét szakította meg, mert a munkásokat másik munkahelyre kellett vinnie. (XV 17-18 [25-26]).

Ahogy romlottak a viszonyok, több kényszer lett szükséges. Ha a szövetségeseknek joguk volt semlegesek tulajdonát kisajátítani a tengeren akkor a németek használhatták a megszállt területeken levő eszközöket.

Egy másik vád Rosenberg ellen az úgynevezett „széna akció" volt, melynek során 50.000 gyereket „raboltak el" és vittek „rabszolgamunkára". Rosenberg és Von Schirach is azt vallotta, hogy ez tanulási program volt, és célja az volt, hogy árvákat kivigyenek a hadi területről (XI 489-490 [538-539] XIV 501-505 [552-556]).

Ernst Sauckel

Ha Rosenberg minisztériuma nem mozdította volna ki az árvákat, akkor a hadseregnek kellett volna.

Hasonló vád volt a „Lebensborn" szervezet ellen, a vád szerint elraboltak csecsemőket péniszük megmérése után (agybeteg zsidó „történészek" szerint). A szervezet szerepe az volt, hogy elmozdítsa a bélyeget a házasságon kívül született gyerekekről, és hogy segítsen a sokgyerekes családokon. (XXI 654-664, német kötetek, Ezek eltűntek az amerikai szövegből, lásd még XXI 352 [389]).

Rosenberg ügyének adatszámai: XI 444-599 [490-656]; XVIII 69-128 [81-143]).

Hjalmar Schacht

Schacht mint vádlott rendellenességnek tekinthető, mert az ellene hozott vádak ellentmondanak a többiek ellenieknek. Míg a többieket „erkölcsi aljassággal" gyanúsították, mely bizonyítja „készséges részvételüket egy közös összeesküvési tervben", mint pl. születésnapi ajándékok elfogadása; születésnapi beszédek mondása; fényképezkedés; az államfő által jóváhagyott törvények aláírása; Politikai egyetértés az államfővel; vagy ha nem: miért nem végezték ki az államfőt, hiszen ez erkölcsi kötelességük lett volna (nincs olyan törvény, ami ilyesmit követelne); Schachtot mindezzel vádolták, és emellett azzal is, hogy nem volt hű Hitlerhez és becsapta Hitlert! Ez különleges gonoszság bizonyítéka volt a vád szerint (XII 597 [652-653]).

Schacht megjegyezte, hogy a hazugság szükségessége a gyakran idézett „náci" alattomosság következménye. Elfelejtik, hogy Hitlernek hazudott. Schacht egyik elmesziporkával a másik után gúnyolta ki a vádakat, és még szarkasztikusabb volt, mint Göring. Jackson, nem lévén különösebben éleselméjű, nem vette észre, hogy Schacht bolondot csinál belőle (XII 416-493 [454-539]; 507-602 [554-658]; XIII 1-48 [7-58]; XVIII 270-312 [299-342].

Jackson hazugságát, hogy ő kényszerítette Schachtot, hogy „ismerje be hazugságát", néhányan komolyan vették, akiknek ezt jobban kell tudni. Jackson szokásból hazudozott (pl. 438 [483]; IX 500-504 [555-559]).

Baldur von Schirach

Von Schirachot azzal vádolták, hogy gyerekek millióival szövetkezett hogy meghódítsa a világot cserkészegyenruhában. Védelme kimutatta, hogy milliókkal való összeesküvés logikai abszurditás (XIV 360-537 [399-592], XVIII 430-466 [470-509].

A cél elérésére az összeesküvőknek 0,22 kaliberes fegyvereik voltak (XIV 381 [420-421]) és olyan dalokat énekeltek, melyek némelyike 300 évesnél is idősebb volt.

Nürnbergben mindenütt találtak bűnöket. Az SA elleni perben egy lábápolási szer állítólag bebizonyította a „szándékot a támadó háborúra" (XXI 221-223 [248-250]).

Hans Marsalek azzal vádolta Schirachot, hogy atrocitásokról tudott, melyeket a Ziereis iratban gyűjtöttek össze (6 oldalnyi anyag) egy évvel Ziereis halála után, és Kaltenbrunner ellen használták. (XI

330-333 [365-369]; XIV 436-440 [480-485]).
Schirach egy másik bűne az volt, hogy kicsi volt és kövér (Georg Ziemer vallomása, 244-PS, XIV 400-401 [440-441]). Schirach tagadta ezt a bűnt (mely szerint egy „kis kövér diákvezető" zsidóellenes beszédet tartott).

Schirach mint Bécs gauleitere a bevetési csoportok (Einsatzgruppen) jelentéseit is megkapta. Ezek az iratok „hiteles másolatok" fotokópiái egyszerű papíron, fejléc és aláírás nélkül, ismeretlen személyek műve, egy sóbányában találták őket (II 157 [185]) a szovjetek (IV 245 [273], VIII 293-301 [324-332]).

Katyn ezekben német bűnként szerepel (NMT IV 112, Einsatzgruppen).

Az iratok szerint a németek 22 millió (XXII 238 [270]) vagy 12 millió (XXII 312 [356]) személyt öltek meg, a testeket elégették és az iratokat eltemették. Az iratok éghetőek a testek nem.

Schirach és Streicher is szerepel egy „eredeti" Hitler irat „másolatán", amelyben tömeggyilkosságokról „vallott" (XIV 432 [476]; XII 321 [349]).

Mivel Hitler zseni volt, (X 600 [671-672] és zsenik nem ölnek meg emberek millióit diesel kipufógógázzal vagy rovarirtóval, aminek 24 óra kell molyok megöléséhez (Document NI-9912), úgy tűnik, hogy az irat jelentőségét túlbecsülik.

Tényleg, tipikus Hitler: erőteljes nyelvezet, de a tények hiányoznak. Nem biztos, hogy Hitler még teljesen eszénél volt 1945-ben. (IX 92 [107]). A Hitler „vallomás" „igazolt" másolat (Streicher, védő irat 9, XLI 547).

51

Arthur Seyss-Inquart

Seyss-Inquart példája mutatja, hogy tökéletesen jogszerű akciókat „bűnné" nyilvánították, ha azokat németek követték el, míg azonos akciókat, vagy bűnözést magának a bíróságnak alkalmazott törvényei szerint is, míg Drezda bombázását, mely illegális 6(b), XXII 471, 475 [535, 540]) szerint, mégis apró kellemetlenségnek tekintették csupán egy nagy keresztes hadjárat során a rossz elűzésére.

Nemzetközi szabályozás szerint egy megszálló kormány hozhat törvényeket ha szükségét látja, (maga a törvényszék tette ugyanezt, XXII 461 [523], de ellentmondott neki máshol XXII 497 [565-566]), és a hozott törvényeknek engedelmeskedni kell. Ezek munkakötelezettséget írhatnak elő bizonyos határokat figyelembe véve, állami tulajdont kobozhatnak el, adókat vethetnek ki a megszállás költségeinek fedezésére, nem kell felfegyverzett ellenállást eltűrniük, sztrájkot, ellenséges újságok nyomtatását, vagy olyan helyi tisztviselőket alkalmazniuk, akik nem engedelmeskednek az utasításoknak.

Iratok létrehozása vagy rendeletek hozása nem bűn a nemzetközi törvények szerint. Seyss-Inquart sok fölösleges rombolást megelőzött a háború végén, ami a törvénybe ütközött volna (XV 610-668 [664-726]; XVI 1-113 [7-128]; XIX 46-111 [55-125]).

Hollandia birodalmi helytartója, Seyss-Inquart rendeleteket hozott az ellenállás tagjainak kivégzésére, akik szabotázscselekedeteket hajtottak végre vagy fegyveresen álltak ellen, amely illegális a hágai szerződés értelmében. A kivégzéseket végrehajtották, amikor új szabotázsakciók történtek. Ezt a bíróság „túszok kivégzésének" nevezte. A „túsz" szó helytelen ebben az összefüggésben (XII 95-96 [108], XVIII 17-19 [25-27], XXI 526 [581], 535 [590]).

Ezeknek az akcióknak a megvitatása a vád szempontjából, az akciók törvényességét illetően V 537 [603-604]-ben látható. A vád elfogadta, hogy az ellenállás tagjai kivégezhetők. (V 405 [455-456]).

A szárazföldi háborúra vonatkozó hágai egyezmény szerint

1907 október 18-ból van egy bekezdés a résztvevőkről (2. cikkely). Az egyezményt megsértő hadviselő felek kártérítés fizetésére kötelezhetők (3. cikkely). Védtelen városok és kulturális műemlékek bombázása tilos (23. cikkely). Nem írta alá Bulgária, Görögország, Olaszország és Jugoszlávia. A cári Oroszország aláírta.

Albert Speer

Albert Speert azzal vádolták, hogy emberek millióit tette rabszolgává, hogy a német fegyverkezési iparnak dolgozzanak, és ezek vizeldékben aludtak D-288, Dr. Wilhelm Jager vallomása szerint kínzódobozokban kínozták őket, melyeket ruhásszekrényeknek álcáztak, D-892, a furcsa álruha szerepe az, hogy teljesen szokványos dolgokat „atrocitások" bizonyítására használják.

A vádra Speer ezt mondta: „Hazugságnak tekintem ezt a vallomást. Nem lehet a német népet ilyen módon a mocsokba nyomni" (XVI 543 [594]).

Speer az a fajta ember, aki minden rendszerben sikeres. Azt állította, hogy semmit nem tudott „kivégzésekről", de hallott arról, hogy rabokat „atombombákkal" égettek el (Egy Robert Jackson-féle hallucináció, XVI 529-530 [580]).

Speer azt állította, hogy Hitler elleni merényletet tervezett egy komplikált idegméreggel (XVI 494-495 [542-544]). A terv nem sikerült, mert a gázt csak magas hőmérsékleten lehet előállítani (XVI 529 [579]).

Valójában a Cyklon-B is hasonló problémákat mutat, ott egy folyadéknak kell gázzá változni, és szobahőmérsékleten a folyamat nagyon lassú. A német technikai tudás és az ipar haladás általában minden holokauszt mesét komolytalannak tekint, amely rovarölő vagy diesel gáz használatáról beszél. Nehezebb lenne a német népet a mocsokba nyomni, ha nem lennének olyan emberek, mint Albert Speer. (XVI 430-588 [475-645]); XIX 177-216 [199-242]).

Julius Streicher

Streichert „fajgyűlöletre való izgatás" miatt akasztották föl, egy egyre népszerűbb bűn miatt. A Streicher ügy figyelemre méltó abból a szempontból, hogy olyan országok, melyek az állam és az egyház különválasztásáról, szólásszabadságról és sajtószabadságról beszélnek, szövetkeznek a zsidókkal és a kommunistákkal, és egy embert kivégeznek, mert használta a szólásszabadságot, és véleményéről senki nem mondja, hogy ne lett volna igaz.

Streicher egyik bűne egy rituális gyilkosság rész kinyomtatása antiszemita újságjában, a Stürmer-ben. A vád kifejezetten bevallotta, hogy az illusztrációk eredetiek (V 103 [119]) és a cikk helyesen utalt a forrásokra.

Az egyik személy, akire Streicher hivatkozott, Dr. Erich Bischof volt Lipcséből, és modern jogi ügyek (IX 696-700 [767-771]). Úgy vélték, hogy a hivatkozások átvizsgálása meghosszabbítaná a pert, így nem állították, hogy a cikk állításai hamisak lennének. Ehelyett egyfajta szellemi telepátiát folytattak, és Streichert állítólagos szellemi folyamatai és mentalitása miatt akasztották föl.

Streicher egy másik bűne az Ótestamentumot „rémes bűnügyi regénynek" nevezni. Ebben a „szent könyvben" hemzsegnek a gyilkosságok, vérfertőzés, csalás, rablás és illetlenség. Semmiféle tényt nem mutattak be ennek a véleménynek a cáfolására. (V 96 [112]).

Streicher a vád szerint híres, mint „pornográf", „nemileg perverz" és „csaló". A „pornográfia gyűjtemény" Stürmer júdaikai gyűjteménye volt (XII 409 [445]). A „nemi perverzió" vád a szovjetektől ered, eredete az ú.n. Göring jelentésben van, egy párton belüli fegyelmi ügy, mely Streicher egyik ellenségétől származik. A vádat ejtették Nürnbergben és törölték a jegyzőkönyvből. Streichernek nem kellett kérdésekre felelni ezzel a váddal kapcsolatban (XII 330, 339 [359, 369]).

A „csaló" szintén a Göring jelentésből van, és egy esetre vonatkozik egy gyárral kapcsolatban (Mars gyár). A vádló személy furcsa egyezés következtében azonos a részvények vételéért felelős személlyel. (V 106 [123]). A jelentés szerint visszaadtak részvényeket, és a pénzt, amit Streicher fizetett értük, 5000 birodalmi márkát, visszaadták Streichernek a vizsgálat után.

Streicher üzletvezetőinek teljes jogot adott, hogy úgy cselekedjenek, ahogy legjobbnak tartják, és ezt mondta: „Ne zaklassanak engem üzleti ügyekkel. Más dolgok fontosabbak, mint a pénz." Streicher azt mondta, az újságot a háború végéig egy bérelt házban adták ki. Nem pártújság volt, és Streichernek semmi köze nem volt a háborúhoz,

Streicher egyik alkalmazottja tanú volt a tárgyaláson. Ezt mondta: „Aki ismeri Streicher urat, mint én, tudja, hogy soha nem vett el semmit egyetlen zsidótól sem." (XII 385-386 [420]).

Streicher második felesége, Adele Streicher ezt mondta a tárgyaláson: „Lehetetlennek tartom, hogy Julius Streicher olyan módon vett volna részvényeket. Szerintem azt sem tudja, hogy néz ki egy részvény." (XII 391 [426]).

Nem állították Nürnbergben, hogy Streicher maga írt minden cikket. „Ne higgy egy rókának a mezőn és egy zsidónak sem, ha esküszik" pl. Martin Luthertől származik. (XXXVIII 129)

„A mérgesgombát" (Giftpilz) Streicher egyik szerkesztője írta, egy híres zsidó per után, melynek során egy gyáros, Louis Schloss (XII 335 [364-365]) gyerekeket zaklatott.

Schloss Dachauban halt meg, amit „náci atrocitásnak" neveztek. A vádban soha nem említették, hogy Schloss gyerekeket molesztált nemileg; ehelyett azt bizonygatták, hogy Schloss csakis zsidósága miatt ült. (664-PS, XXVI 174-187 irat).

Soha nem vizsgálták annak okát, hogy miért volt Streicher, Frank vagy Rosenberg zsidóellenes, és hogy a zsidók esetleg bűnöket követtek-e el. Nem bizonyítottak be semmiféle bűnt (az ú.n. holokausztot sem), csak föltették, hogy volt ilyen, és hogy Streicher művei segítettek azt „okozni".

Streicher tett néhány a bíróságnak nem tetsző megjegyzést, amik miatt megintették ügyvédjével, Dr. Marx-szal egyetértésben, és kiszedték azokat a jegyzőkönyvből. Az egyik ilyen megjegyzést a XII. kötet 310 oldalán az 5. bekezdés után törölték, (337 oldal, 30. sor németül), de megtalálható a másolt irat 8494-5 oldalán. Streicher ezt mondta:

„Ha befejezhetem életem leírását, ez egy tapasztalat leírása, mely megmutatja önöknek a bíróságtól, hogy ha a kormány nem is akarja, történhetnek olyan dolgok, melyek nem emberségesek, és nem felelnek meg az emberiesség alapszabályainak"

"Uraim, engem bezártak, s bezárásom alatt olyasmit éltem át, amivel minket, a gestapót gyanúsítják. Négy napig voltam ruha nélkül a cellában. Megégettek; a folyosóra dugtak; vasláncot tettek rám; meg kellett csókolnom négerek lábát, akik rám köptek. Két színes és egy fehér tiszt a számba köpött, és ha nem nyitottam ki, fabottal kinyitották. Ha vizet kértem, a latrinába vezettek, és megparancsolták, hogy abból igyak."

„Wiesbadenben, uraim egy orvos megsajnált, és a kórház zsidó igazgatója korrekt módon cselekedett. Itt a zsidó őrök korrektül bánnak velünk és az orvosok is udvariasak. És ebből láthatják, hogy a börtönök nagyon különbözőek lehetnek."

Egy másik „nem megfelelő megjegyzést" töröltek ki a XII. kötet 349 oldalán (németül a 379. oldal), mely szintén megtalálható a másolat 8549. oldalán):

„Hogy a félreértéseket elkerüljük, annyira vertek Freisingben, és négy napig voltam ruha nélkül, így elvesztettem hallásom 40%-át. Az emberek kinevetnek, ha újra kérdezek. Így bántak velem. Kérem ismételje meg a kérdést."

Erre Griffith-Jones főhadnagy azt felelte:

„Meg tudom mutatni önnek, és olyan hangosan meg fogjuk ismételni a kérdést, ahogy akarja."

Mivel ez Streicher személyes „élménye" volt, és nem elmondásból tudta, nehéz megérteni, hogy miért húzták őket ki a jegyzőkönyvből, míg tetszőleges mendemondákat megtartottak benne (ténylegesen a vád nem is tartalmaz mást, mind mendemondákat). Ha a vád nem hitte el Streicher vallomását, hogy megkínozták, keresztkérdéses vallatással bemutathatták volna, hogy hazudik. Ehelyett egyszerűen megintették és kitörölték amit mondott a jegyzőkönyvből. Ennyit az igazságról, az igazságszolgáltatásról és a fair perről.

Streicher azt mondta, hogy a zsidóság „kiirtásának" gondolatai hozzá főleg a terrorbombázás és a német nép megsemmisítésére való felhívások formájában jutottak el.

„Ha Amerikában egy Erich Kauffman [Theodore Kaufman] nevű író nyilvánosan azt követeli, hogy Németországban minden szaporodásra képes férfit kasztráljanak, hogy kiirtsák a németeket, akkor azt kell mondanom, hogy szemet szemért, fogat fogért. Ez elméleti irodalmi ügy." (XII 366 [398-399]). (V 91-119 [106-137]; XII 305-416 [332-453]; XVIII 190-220 [211-245]).

www.ingramcontent.com/pod-product-compliance
Lightning Source LLC
LaVergne TN
LVHW041545060526
838200LV00037B/1150